はじめに

きたやまおさむ

「聖なる一回性」という言葉があります。ヴァルター・ベンヤミンというドイツの文芸批評家、あるいは思想家を通して出会った考えです。彼の「複製芸術論」の現代的意義は一言では言い尽くせませんが、私なりに説明するなら、印刷物などの複製品にはその「聖なる一回性」の感動がなく、生（ライブ）の演奏、現実に見た美しい夕陽、口にする美味しい料理などの、このオリジナルの体験は一回きりであり、その一回しかないことにこそ、独特の感動の源があるというわけです。

じつは精神分析の創始者であるジークムント・フロイトも、「はかなさ」のネガティブな感想を批判し、美しいものとは、短命だからこそ美しいのであり、それらには積極的な価値がある、と証言するのです。「無常について Vergänglichkeit（on transience）」（一九一六年）というエッセイで彼はこう言います。

「美しいものが、はかないがゆえにその価値を減ずる、という詩人のペシミスティックな意見に私は異議を唱えた。逆に、その価値は上がるのだと」

フロイトは美しいものは失くなるが、それだからこそ価値がアルのだと言っているわけです。感謝を示すために、文字通り「あるのが難しい」という意味で「ありがたい」と言う日本人もまた、この価値観に賛成でしょう。

いま、この原稿を書いている、この瞬間の喜びだって、まさにそうです。体験の「ありがたさ」は、印刷物にどれほど再現できるかというと、それは無理というものでしょう。その面白さは、どんなに工夫し報告したとしても、あるいはビデオで公開したとしても、第三者は追体験できません。祭りも一回、ザ・フォーク・クルセダーズ（略して「フォークル」）も一回。あの時あそこにいたあの人と共有した、あの瞬間が本物で、やっぱり一回であり、そこが人生の面白いところであり、共著者の前田重治先生とはじめて会った瞬間のことや、一緒に行った旅も、この本に収録される対談も一回。

どのような患者とのセッションも、どのような人生もこの一回を生きているんだと思う。その価値を日本語では「ありがたい」と言い、非常に難しいアルを可能にしてくれた数々の要素に対して「おかげさま」と言って感謝するわけです。おそらく、そこに最大の価値を置くかぎり、どのようないびつな人生も、濁った水溜りも、体験のそれぞれに、丹念に生き、それなりに存在する価値があるのです。

こうした考えから、とらえがたい「いい加減」な態度や、吹けば飛びそうな無意味、そして心の中で揺れている矛盾する気持ちについて、私たちの考えを紹介しようというのが、本書です。というのも、それらはありふれた日常における創造性の源泉なのです。

とくに「いい加減」については、いい加減に生きてゆけなくなっている昨今だからこそ、いまを生きるためのキーワードとして強調したいと考えています。人間や自然のいい加減さのために、私たちは失敗し、裏切られ、傷つき、惑わされています。総じて、「いい加減」は悪いものとしてとらえられ、多くがいい加減さを許さない、明確なものを求めています。しかし日本語が示すように、「いい加減」は「良い加減」でもあります。そのことを知れば、視野の広がりと思考の柔軟性につながり、成長や健康、創造的な生き方や考え方に導かれる可能性がおおいにあるのです。

日本の臨床的な場面でも重要な問題となる「いい加減な自己」あるいは「退行しやすい自己」は、社会的な場面では絶対的なものに信をおかない「多神教的な心」として現れるでしょう。そして、とくに私の場合は「歌うこと」として、つまり日常的な創造性として現れるのですが、これに伴う喜びや割り切れなさについて、私は考えてきました。本書は第一幕で自らの歌を、第二幕では、私そのものを分析していますが、これは、その良い意味や深い意義を発見するための探索の物語であり、それをガイドしてくださった前田先生に巡り会わねば、この一回限りの旅の記録は世に出なかったと思います。

目次

はじめに　きたやまおさむ　3

第一幕　歌の深層心理　11

前口上　前田重治　12

1　『あの素晴しい愛をもう一度』（1971）　16
対象喪失／あの愛とは何なのか

2　『初恋の丘』（1971）　24
思い出の丘／分かれ目

3　『赤い橋』（1970）　30
喪の仕事／赤い色と死

4　『戦争を知らない子供たち』（1970）　37
青春と反戦／戦争のなかの気楽

5　『題名のない愛の唄』（1975）　44
愛の原型／セクシュアリティとプレイ

6　『紀元弐阡年』（1968）　52

祭りという退行／おめでたいな

7 『長相思』（2003）　60
人間賛歌／「イムジン河」――悲劇と望郷

8 『人生号 Jinsei-GO!』（2004）　67
人生の船出／両棲類のごとく

9 『帰って来たヨッパライ』（1967）　74
ヨッパライの人生の台本／めぐる時間

10 『コンドルは飛んでゆく』（2006）　84
共演／異国の歌は流れる

11 『旅人の時代』（1976）　91
旅人の孤独／頭打ちとバックビート

12 『何のために』（1968）　98
人生への問いかけ／父の葛藤と私の「いい加減」

13 『積木』（1975）　108
夢という積木／壊す、傷つける

14 『感謝』（2002）　114
喪失と愛おしさ／環境の価値

15 『港』（1982）——120
振り返った時にはだれもいない／一期二会はない
16 『早く逝こうとする君』（2010）——124
心の浄化／自死と潔さ
17 『コブのない駱駝』（1968）——133
二面性／無意味
18 『さらば恋人』（1971）——139
別れ歌／そういうことなら
19 『花のように』（1970）——143
終わりという悲劇／花のように終わる
20 『風』（1968）——150
はかなさ／そして、風になった
むすび　前田重治——155

第二幕　日常的創造性の自己分析　きたやまおさむ——161
起　拾い集める——162
思考は複数ある／悪いことも良いことも／遊びと抱えられること

承　悩みと感動　174
苦しむ／玉石混交状態に「正気でいること」／交わり、歌うこと／面白いこと／一者的感動

転　遊ぶこと　198
記号と意味の沼／「良い加減」な循環――神経質と無神経／「いい加減」は「良い加減」／自分で良い加減に理解するしかない／テクノロジーとコンプレックスの解消

結　「どっちでもいいのかな」　217
祭りの最中と後の祭り／環境への感謝／どっちでもいい／「瓢箪からコマ」という創造性

第三幕　対談「そろそろ、そういうことなら」
きたやまおさむ×前田重治　227
注意散漫と好奇心／俯瞰すること／面白いこと／中途半端に／人生、こんなものか

さいごに　きたやまおさむ　247

第一幕
歌の深層心理

炎上する京都駅（1950年11月18日）

前口上

前田重治

私は北山修さんとは同業の精神科医で、九州大学に勤めていたときは精神分析を専門にしていました。そして自分の大学のカウンセリング講座での定年が近づいたとき、その後任として、かねて学会で活躍していた北山さんが来てくれることが決まって、とても嬉しく思いました。

北山さんとの出会いは、一九八二（昭和五七）年に、彼の学術書としては処女作《デビュー》ともいえる『悲劇の発生論』（金剛出版）の書評以来ということになりましょうか。その日本の神話や民話がとりあげられたユニークな内容に大いに感心したものです。それで私は、注目すべき大型新人が現れたことを評価しました。彼はそのあとも、精神分析の世界でつぎつぎに論点を深めた質の高い論文を発表する一方、示唆に富んだ好著を出しつづけていました。

大学での後任の人事というのは、いい、しきたりによって自分は関与できません。それで別の研究室の教授による委員会によって選考が進められていましたが、しばらくして「北山さ

ん に決まりましたよ」という報告を受けました。まさか、彼が九州に来てくれるとは思ってもいなかったので、私も、カウンセリング研究室の大学院生たちも驚いたものです。

そこで半年ほど同僚として勤めながら、事務引き継ぎなどをおこなったあと、私は安心して、一九九二（平成四）年に退職して隠居生活に入ったものです。彼はずっと単身赴任でしたので、平均して月に二回ぐらいは、夜に馴染みの店で会食をするのが習慣となりました。ときどきは自宅《うち》にやって来て、画集とか映像を楽しんだりもしたものです。そうした習慣は、彼が二〇一〇（平成二二）年に定年で大学を辞めたあと、会える機会はぐっと少なくなりましたが、現在もつづいています。

北山さんとは一回り以上も齢は離れているのに、こうして四半世紀も交流《つきあい》がつづいてきたのは、お互いに気が合っていたからなのでしょう。それは、二人とも「遊び」が好きということによるものと思います。遊びというのは、もちろん趣味や娯楽のことですが、自分の専門の仕事以外の別の領域を楽しむことも遊びです。二人とも文学や美術、映画や演劇などへの興味が共通していました。ただ残念ながら、彼の得意な音楽の領域についてだけは、私は疎いものでしたが。

ともかく、いろいろな遊びについて、自分が感じたり思ったりしていることを言葉にして語り合うのは楽しいものです。彼はそれらの話を、興味をもって聴いてくれるだけでなく、示唆的な感想《コメント》も返してくれたりするので、こちらの連想も刺激されて、話はさらに広がったり深まったりするわけで、いろいろと啓発されたりしました。

北山さんは、そうした芸術的な領域だけにとどまらず、カヌーや野球をはじめ、文化的な領域についての関心のはばが広くて、その造詣も深いのです。例えば、言語、祭礼、人形、アール・ブリュット（専門的教育を受けていない人たちによる芸術作品。障害者アートなど）、また最近のＩＴ関係のテクノロジーなどさまざまです。しかも彼はそれらの知識を、文学（物語）や美術（浮世絵）などとともに、意欲的に学問的な研究にうまく取り入れていました。彼の精神分析の理論がつぎつぎに展開してきたのは、そうした「遊び」に由来しているものも多いからでしょう。巧みに、研究に適した好い鉱脈を見つけ出す目利《めき》きです。そしてそれを深く掘って、意欲的に取り入れてゆこうとする姿勢に感心してきました。いつか、われわれは精神分析での遊び派、あるいは文化派だな、と話し合ったこともあります。

いつだったか飲みながら、二人でなにか遊びについて対談でもしてみようか、という話になりました。そこに、『ふり向けば、風』という「デビュー50周年記念作品集」のアルバムが送られてきたのです。その感想文を送ったりしているうちに、これまでの彼の歌を糸口にして、何か話し合ってみようということになりました。

そのやりとりのなかで北山さんが、「良《い》い加減に生きる」というテーマを提案してきました。それは、ほどよく、適当に、自分の人生を自分らしく創ってゆくということで、「遊び」の「ゆとり」という意味も含まれています。それで、現代という先行きが不透明な時代に生きていくうえでは、大事なキーワードだろうと思いました。いっぽうで、「いい加減」には、ちゃんとしない、おおざっぱ、不徹底、無責任という意味に誤解されかねない点もありますが、それはそれで面白いことですし、内容を読んでいただければ詳しく解ることですし――と私も賛成したものです。

第一幕「歌の深層心理」に書いた私の文章は、私の遊びの一つとして毎年のように自主出版してきた雑文集のなかから、北山さんの歌にまつわる文章を抜き出したものです。それを、それぞれの歌の「前口上」として新たに書き直しました。それを準備しながら、自分の好みに片寄っているような気もしたので、かねて彼自身が気に入っていると聞いていた歌も、いくつか加えることにしました。したがって、これらは新たに書き下しました。そのあとで、自宅《うち》でそれらの歌について、作者本人からコメントを語ってもらったものです。彼は歌の題名のリストを見ながら、一気に語ってくれました。そのあと、私がそれらの話を「まとめ」てみました。なにぶんにも音楽には弱いので、本格的に「歌」を論じたものではなく、歌詞中心の感想みたいなものです。

第二幕「日常的創造性の自己分析」は、そのあと別の日に、北山さんが現在の思いについて、これはちらちらとメモをみながら、しかし、その多くは自由連想ふうに語ってくれた話です。

第三幕は、その話を聴いたあと、二人で少し話し合った対談です。

こうしてできた本なのですが、いつか彼が、「フォークソングは、私小説みたいなものだな」と語っていたことを考えると、これまでに数々の「きたやまおさむの歌」が生まれてきた動機《モチーフ》とか、それにまつわる北山修という表現者の、現在の内面の一端にも触れることができるものではなかろうか、と思います。まずはじめに、こうしてできたものであることを紹介しておいて、いよいよ幕が開きます。

1 『あの素晴しい愛をもう一度』（1971）

対象喪失

前田重治

北山さんは、フォーク歌手として、かつては『帰って来たヨッパライ』とか、『戦争を知らない子供たち』などで、全国を席巻してきたフォーク界の草分け時代の旗手でした。なかでも『あの素晴しい愛をもう一度』といえば、彼のライブではもとより、今でもフォーク歌手たちが集まるコンサートで、しばしば最後に全員で大合唱されるスタンダードな曲となっています。

この歌は、〈命かけてと誓った日から／すてきな想い出 残してきたのに〉その愛する人を失ったという対象喪失の歌です。その対象というのは、ここでは、ともに花を見た

『あの素晴しい愛をもう一度』
作詞＝北山 修　作曲＝加藤和彦

命かけてと誓った日から
すてきな想い出 残してきたのに
あの時 同じ花を見て
美しいと言った二人の
心と心が今はもう通わない
※あの素晴しい愛をもう一度
あの素晴しい愛をもう一度

赤トンボの唄をうたった空は
なんにも変わっていないけれど
あの時 ずっと夕焼けを
追いかけていった二人の
心と心が今はもう通わない
※（くり返し）

広い荒野にぽつんといるよで
涙が知らずにあふれてくるのさ
あの時 風が流れても
変わらないと言った二人の
心と心が今はもう通わない
※（くり返し）

り、夕焼けを追ったりして、その愛は変わらないと思っていたということから、一見、恋人と別れた失恋の歌のようにみえます。そう受け取るのが自然なのかもしれません。しかしここで愛していた対象というのは、父や母、兄弟姉妹、夫や妻、友人、その他というもっと広い対象の意味とも読みとれるようです。それは、その後の彼の歌にしばしば出てくる「別れ」や「死」への思いにもみられる「対象喪失」というのが、そうした広い対象についていて歌われているからです。精神分析では、さらに広く現実の人だけでなく、自分が大切に思っていた幻想のなかの存在や、抽象的・象徴的な存在、さらに自分の身体についても、それが失われるという「対象喪失」を考えています。

ここでは、そこまで広げなくても、〈今はもう、心が通わなくなった〉という人びとへの思慕とか後悔といった複雑な想いが含まれていると考えていいと思います。そこで失われたもの——〈あの愛をもう一度〉呼び戻したい、と叫ばれています。〈もう一度〉〈もう一度〉とくりかえされているところに、その願いの切実さがしのばれます。

〈あの愛〉とは何でしょうか。愛とは、相手と心が深く結びついていて、いとおしくて、かけがえがないと思う心でしょう。それだけに、そうした愛を失ったときの悲嘆は大きいものです。人は人生において、母体をはじめ、両親とも、兄弟姉妹とも、恋人とも、また夫婦でも、友人でも、いずれ離れて別れてゆく運命にあります。また戦争や、事故や、災害や、病気などで、その大切な愛するものを失ってゆくものです。

そのさい、その悲しみや辛さを乗り越えるために、それを言葉にして表現するという方法があります。とくにその悲しみという苦痛な心情を人にわかってもらって、共有することは癒しにもつながります。この歌のメロディもいいので、〈あの素晴しい愛をもう一度〉と、くりかえして力強く、大きな声で歌われることによって、その願望が満たされたような明るい気分にもなってきます。

これが、歌の魔力なのかもしれません。

この歌は、その後の彼の歌にしばしば出てくる「別れ」という対象喪失の主題が、希望という明るく建設的な方向へと向け変えられているという意味でも、彼の代表曲の一つといってもいいのでしょう。


——一九九二（平成四）年、『小さな絵など』より

あの愛とは何なのか

きたやまおさむ

もともと、加藤和彦《かとうかずひこ》がシモンズという女性歌手のデュエットグループのために一曲作ろうという企画で、私にメロディを送ってきたところから創作が始まりました。いつも加藤が曲を作って、私がそれに歌詞をつけるという順番でやっていましたが、メロディを得て

歌詞はアッという間にできました。メロディだけではなく、トントトンのリズムが調子良く、最初から我が身が乗せられたのです。私は曲を録音テープで聴きながら、そして歌いながら一晩で完成させ、加藤の留守番電話機に私の歌で吹きこんで詞を伝えたのですが、彼から、すぐに有り難うという返事がきました。

いま考えると、アマチュアのザ・フォーク・クルセダーズを結成してはやめ、またプロでも結成しては解散してという離合集散をくりかえしたときのことがテーマなのです。会うときには必ずお互いの間にかなりの緊張関係があり、『風』という曲が、はしだのりひこによってかなりヒットしていたので、加藤はそれが面白くないようでした。

他方、加藤は、私を作詞家としてまだ半人前としか思っていなかったようです。彼は作詞家の松山猛《まつやまたけし》とも仕事をしていて、私とは確実なパートナーシップはなく、まだバンド仲間というところでした。そこに私の『風』を聴いて、加藤は私についての認識を新たにしたのだと思います。これは、はしだのりひこもそうだったようで、亡くなる三年前ぐらいにはしだに会ったときに、「おれは、お前の作詞家の才能を見抜けていなかった」とか言っていましたが、お互い、創造をめぐってあちこちに三角関係の緊張や愛の葛藤がありました。

はしだのりひこが指摘したのだけど、三番の歌詞の「〈あの時風が流れても〉というのは、歌の『風』のことだろう」と言っていました。つまり三角関係のなかで、彼らは私を二人で取り合っていたというわけです。あの時風が流れても変わらないはずの二者関係は、三角関係によって壊れかけていたのですから、この歌詞は、私がはしだを横目に加藤和彦に向けて歌っているというわけです。

これは、オノ・ヨーコとジョン・レノンの関係に対するポール・マッカートニーの場合とも似ています。男のパートナーシップはホモセクシュアルな側面のある二者関係ですから、第三者の登場で壊れますね。例えば、その後、加藤のパートナーである安井《やすい》かずみは、私には新たな三角関係のライバルになりました。こういうことは、ミュージシャン同士でも、作詞家と作曲家の間でもよくみられることで、一人の作詞家が一人の作曲家と仲良く延々と作りつづけるということはありえません。

このように、私はこの「素晴しい愛」とは何なのかと、問いつづけてきました。歌詞のなかには、男と女という言葉は一言も出てきません。親と子、夫婦関係、また友情の終焉でもあるのでしょう。この歌は、「二人だけ」の濃厚な関係の喪失の歌なのです。みんなは、そこに自分の思っている「愛」を投影して、あらゆる愛の関係の終焉を歌っているのだろうとも思います。

もう一つ、精神分析の「移行対象」（幼児が母親から離れてゆく移行期に見られるそれぞれ相互の代理物。乳幼児が肌身離さないもの）の話になるのですが、〈同じ花を見て／美しいと言った二人〉という、この「花」というのは、二人が共有した移行対象なのですね。同じ花を見ている〈心と心〉というのは、悠久の歴史のなかで、昔から日本人が愛し維持してきた移行的な形です。花火や桜などを肩を並べて眺める二人、これは浮世絵の母子関係のなかにも出てくるし、恋人たちの関係にもあります。しかし、二人が肩を並べて美しいと言っているのだけど、それはやがて広く開かれて、終わってゆくものだという、そういう愛の形の成立と終焉にかかわる普遍的な物語を歌っているのです。

　だからこの物語は、ザ・フォーク・クルセダーズの加藤和彦と私との体験についても言っていて、はしだのりひことの間にもあった。「美しい」と言いながらもやがて別れてゆく。これは異性愛でも親子愛でも言えることですが、それを経験している最中に無意識に物語を捉えて歌っていたということに、あとで気づき、自分でもとても驚きました。

　日本人は、この同じものを「肩を並べて見る」というポジションが好きです。この横並びの反復というのは、映画『東京物語』を含む小《お》津《づ》安《やす》二《じ》郎《ろう》の作品でもくりかえし見られます。外国の絵画を見ると、親子は全然違う方向を見ていることが多い。聖母子像でもそうですね。キリストとマリアが同じ方向を見ているのはあまりない。

　舞台の設定でもそうです。あのベケットの『ゴドーを待ちながら』の舞台が日本人に受けるのは、二人が同じ方向を向いているからですね。日本の舞台では、ああいう横並びのやり取りがいっぱいあります。例えば、花道を誰かが去ってゆくと、本舞台の中央ではみんながそれを見ていて、うん、とうなずきあいながら見送る。

そうした二人で同じものを見る「共視」という関係に、私たちはほっとして安心するのだけど、それはやがて終わってゆくものなのです。その真実を歌として歌ったのが、新しかったのではないかなと思います。

この歌は一九七一年にヒットしたのだけれど、どうもそのころから、日本人は親子関係にしても、同じ方向を眺めなくなったようです。それは価値観があまりにも多様になったからでしょう。昔は同じラジオや同じテレビで、みんなが同じ音楽を楽しんだり、同じドラマを見たりしていた。それが、やがて二台目のラジオ、二台目のテレビ、さらに三台目のラジオが入ってきて、親子でも、違う文化を楽しむようになってきています。日本人が、それぞれに違う方向を向きはじめるようになった――一九七一年、そういうことが際立ちはじめた、移行の瞬間を証言する歌として、貴重でしょう。

娯楽の多様化時代であっても、早期の幼児期では親子は何度も同じものを見ているのですが、その共視関係が早いうちに壊れる、それが今という時代なのかもしれません。

もう一つ言うなら、あの「花」というのは、当時「フラワー・チルドレン」（平和と愛の象徴としての花を愛する若者たち）と呼ばれた世代がいたように、平和や愛、そして再生の象徴でもあったのですね。

2 『初恋の丘』（１９７１）

思い出の丘

前田重治

私は一九九二年三月に最終講義も終えて、大学を辞める日が近づいてきたので、佐賀の呼子《よぶこ》での「お別れ会」に行くことになりました。研究室の学生や大学院生たち十数名で、大きな車を借りました。そのさい、学生たちが希望したので、私の秘蔵の『歌謡曲ベスト・コレクション』のテープ七巻を持って行きました。これはラジオ放送から録音していた流行歌や歌謡曲のなかから、自分で気に入ったものだけを収録していたものです。

もともと私は、音楽には弱いのです。せいぜい寝床のなかで聴いて楽しむものとしては、むかしの流行歌や歌謡曲ぐらいなものです。それで、フォークソングのファンでもありませんでした。つまり、音楽の下戸《げこ》なのです。しかし下戸は、下戸なりに耳に合う曲というものもあるわけで、青江三奈《あおえみな》とか、あがた森魚《もりお》とか、中島《なかじま》みゆきなどがお気に入りでした。

途中で寄り道をしながら行ったので、往復五、六時間は車に乗っていたでしょうか、そ

『初恋の丘』
作詞＝北山 修　作曲＝渋谷 毅

まぶしく輝く 青い大きな空も
ときどき 私の ものじゃないふりをする
まぶたにうかんでくるの 初恋の丘
決して 恋など しないと誓ったのに
あなたと笑って あなたと歩いて
あなたと祈って あなたと夢みた
ちょっぴり 涙 流したこともあったわ
大人になっても ひとりぼっちはつらい
初恋の丘へ も一度帰りたいな

お嫁にゆくことだけが 道じゃないけど
やっぱり ひとりじゃ 生きてゆけないのかな
あなたと笑って あなたと歩いて
あなたと祈って あなたと夢みた
ちょっぴり 涙 流したこともあったわ
大人になっても ひとりぼっちはつらい
初恋の丘へ も一度帰りたいな
お嫁にゆくことだけが 道じゃないけど
やっぱり ひとりじゃ 生きてゆけないのかな

の間ずっと、北山さんに歌謡曲を聴かせつづけていたことになります。「どう？　この曲は好いでしょう」、「これは、味があって好きなんだな」。

　彼には、めったにない体験だったことでしょう。ときどきは手や足で拍子をとったり、ときには自分でも曲に合わせて口ずさんだりして聴いていました。そして「これは暗いな、暗すぎる！」とか、「へぇー、彼女（谷山浩子《たにやまひろこ》）、こんな大人の歌も唄っていたんだっけ！」などブツブツ呟《つぶや》いたり、「ああ、これは好いな」と気に入ったり、「へぇー、こんな歌詞ってあるもんか！」と憤慨したりしていました。

　ともかく、みんなで、ワイワイと品定めしながらドライブを楽しんだものです。じつは、それらの曲のなかに、彼が作詞した浅川《あさかわ》マキの『赤い橋』と、ベッツィ＆クリスの『白い色は恋人の色』と、由紀《ゆき》さおりの『初恋の丘』が入っていたのでしたが、私はそれが彼の歌とは知りませんでした。ただ、かつての初恋の思い出の丘を想う女の子が、最後に〈やっぱり　ひとりじゃ　生きてゆけないのかな〉と、ため息交じりに呟く可憐な情景が気に入っていたものです。

　その「丘」という言葉から、私には横浜・山手の「港の見える丘」の、あのいい眺めが浮かんできました。ある春の暖かい午後でした。独りでベンチに腰掛けて一服していると、青い空に、薄黄色の軽気球が一つ、ぽっかりと浮かんでいたものです。

北山さんは、そのときは何も言わなかったようでしたが、あとで学生が、あれは北山先生の歌ですよ、と教えてくれました。ああ、こんな純情可憐な、私好みの歌も作っていたんだ、と安心しました。

この歌は、女性の側からの、かつての初恋の思い出が歌われていますが、由紀さおりの透明な声で歌われていることで、その味が倍加されているようです。初恋の思い出への懐かしさが溢れていて、そこにしっくりと感情移入ができます。そして先にも述べたように、最後のフレーズの〈やっぱり　ひとりじゃ　生きてゆけないのかな〉という複雑な心境が生きています。これは年頃の女性の心に、ときどきよぎってゆく声なのでしょう。そして北山流にいうと、これはなにも初恋に破れた女性でなくても、愛する対象を失った人のため息なのかもしれません。その切なさが、いいのです。

——一九九二（平成四）年、『小さな絵など』より

分かれ目　きたやまおさむ

由紀さおりさんは、ラジオ局なんかでよくお目にかかっていたのですが、当時の私にとっては、とても成熟した女性として眼に映っていました。歌はうまいし、澄んだ声で、膨《ふく》

よかで魅力的な人だった。

歌詞の発想は、恋の思い出を唄ったジョニー・ソマーズの『ワン・ボーイ』という曲の影響を受けています。全体の雰囲気が気に入っていましてね、こんな世界観を日本でも歌えるなら、と思ったものです。

『あの素晴しい愛をもう一度』でもそうですが、パートナーとの共通体験、あるいは同じ何物かを共有するということは、お互いに「つながり」を維持し、「きずな」「結びつき」の象徴になります。しかし、幼児期の移行対象の関係にしても、多くの恋人との関係にしても、結びついているものはいつか別れてゆくものです。初恋の二人も多くが別れて、その人と遊んだ体験は懐かしい楽しい思い出として残るだけです。

別れる人間関係の結びつきには、かならず「分かれ目」(別れ目)というポイントがあります。これは、あとで精神分析家になってから思ったのですが、分かれ目においては、人は右に行けばよかったのに左に行ってしまった、という反省が残ります。左か右かの選択を選びそこなってしまう人もいますし、分かれ目に立ちすくんだままで、そこから出発できない人もいます。

この分かれ目体験に立つというのは、人生においてすごく貴重です。特にトラウマの精神療法において期待されることの一つとして、この分かれ目に心理的に戻るというか、もう一度選択し直す瞬間を提供することが挙げられると思います。またそして、それが非常に難しくて戻れないことを嚙みしめることにもなる。

人が別れてゆく瞬間、つまり「分かれ目体験」――私は歌のなかでそこばかり書いているような気がします。『評価の分かれるところに』（誠信書房）という本にも書いていますが、私たちセラピストは治療のなかで、分かれ目体験を再現して、相手にもう一度選択する機会を提供するといえるかもしれない。それを提供しても、出発できないでいる場合は、「ここからは一人だ」と背中を押すこともある。この分かれ目体験の場所とは、「駅」みたいなもので、まちがった列車に乗ってしまう人とか、列車が来ても乗りこめないでいる人とか、あるいはまだ駅まで行ってもいない人たちを駅に案内するのが、精神療法に期待される仕事でしょう。

子どもの頃、京都駅を遊び場にしていた私は、歌にしても、精神分析でも、人生を旅に喩えて語ることが多いようです。この歌で、二人が肩を並べて、〈あなたと笑って――あなたと夢みた〉というのは、母子関係での体験が原点でもある。それで、そのあと〈大人になっても　ひとりぼっちはつらい〉となって、あの時に戻れないのかな、という淡い希望と後悔になっているのです。

こうして親との二人の関係から、一人で出かけて自立してゆくのが思春期や青年期の課題と重なるのですね。そこに初恋がからむと、その思い出が次への橋渡しになるものでしょう。幼稚園のときに、黒川先生という綺麗な女性《ひと》がいました。そのあとお目にかかることもありましたが、当たり前ですが、先生にとって私の存在などまったく何でもなかったのですが、私にとってはそうではなかった。

よく歌では初恋、初恋、と言われますが、男の子にとって、初恋の人というのは成熟した女性でなくてはならないですね。初恋は移行期のものであり、少年と大人の間の移行期の恋の相手は、大人の女性でありながら、お母さんでもある。そして今ふりかえると、そのイメージが由紀さおりさんにぴったりだった、と言うと彼女に対して失礼でしょうか。

3 『赤い橋』（1970）

喪の仕事

前田重治

北山さんと、おでん屋の「安兵衛」で飲みました。

はじめは、私が最近読んだ中上健次《なかがみけんじ》の『天の歌　小説　都《みやこ》はるみ』の話などしていましたが、盃を重ねているうちに、いつしか『赤い橋』〈不思議な橋がこの町にある／渡った人は　帰らない〉の話へと移りました。浅川マキが歌うその暗澹茫漠《あんたんぼうばく》とした暗いムードからみて、やはり彼女の『裏窓』を書いていた寺山修司《てらやましゅうじ》あたりの作品かなと思ったりしていたものです。それが北山さんの作詞と知ったのは、彼が福岡に来てからのことです。

『赤い橋』
作詞＝北山 修　作曲＝山木幸三郎

不思議な橋がこの町にある
渡った人は 帰らない
昔 むかしから 橋は変わらない
水は流れない いつの日も
不思議な橋がこの町にある
渡った人は帰らない

いろんな人がこの町を出る
渡った人は 帰らない
赤く赤く塗った 橋のたもとには
赤い赤い花が咲いている
不思議な橋がこの町にある
渡った人は帰らない

不思議な橋がこの町にある
渡った人は 帰らない
みんな何処へ行った 橋を渡ってから
いつかきっと 私も渡るのさ
いろんな人がこの橋を渡る
渡った人は帰らない

以前に、私はその異様で謎めいた『赤い橋』の情景に心惹かれて、なんとかそのイメージを絵に描いてみたいと試みたことがありました。その曲をくりかえし聴きながら、どんな橋にすればいいのだろうかと、あれこれと構想をめぐらしたりしたものです。

――冬空の重く垂れこめた雲、どんよりと鉛色に光を反射している大きな川、そこにかかっている橋。渡ったあとは行方も知れなくなって、二度とは戻れないという不気味な赤い橋。それは能舞台の橋掛かりみたいに、この世から黄泉《よみ》の国へと通じている橋なのでしょう。

橋にも、いろいろあります――日光の神橋《しんきょう》、金沢の犀川大橋《さいがわおおはし》、錦帯橋《きんたいきょう》、永代橋《えいたいばし》、勝鬨橋《かちどきばし》、そしていつかテレビの自動車のコマーシャルで見た、海の上を一直線に走っている行方も見えない長い長い橋――あれこれと想像してみても、なかなかそのイメージはまとまりません。その歌詞に出てくるように、かたわらに赤い花が咲いているとすれば、それは深紅の曼珠沙華《まんじゅしゃげ》がいいだろう。そうすると、三途《さんず》の川のほとりに咲き乱れている彼岸花となります。あの蕊《ずい》が長く突出した赤い花――あの耽美的な匂いのする奇怪な花を前景にして、時代劇で見かけるような田舎の手すりのない素朴な木の橋や土橋が似合うかも――しかし、これでは赤い橋にはならないし――。

ここで歌のイメージを生かすとすれば、あちこちに高層ビルの影が望めるような現代の大都会の中での三途の川にしたほうがリアルな感じが出て、その歌の味は深くなりそうだが――。

そんな以前のことを思いつくままに喋っていたら、「ぜひ、絵にしてくださいよ」と彼から煽《あお》られました。しかし作者がそばにいるのに、勝手なイメージなど形にできるものではありません。「いや、もう、とっくの昔に諦めて、放棄してしまったんだから――」と、私は手を振って断りました。

ご本人の話では、その歌には「死」という意味のほかに、二度と戻ってはこない青春との別れという含みもあったということです。彼のお得意の隠喩《メタファー》です。なるほど、あの歌の物憂《ものう》さには、青春との訣別という「喪の仕事」（愛着している対象から離れてゆく心の活動）の意味もあったのか、と納得しました。

「橋」は別れであり、また二つの世界をつなぐ架け橋ともなる。彼は「橋」が好きなんだ、と言って、さらにいろいろな「端」「箸」「橋渡し」の象徴について語ってくれました。

＊

そののち『北山 修 青春詞歌集』というアルバムをもらって聴いていて、驚きました。私が勝手に御詠歌《ごえいか》と名づけていた、あの暗い『赤い橋』をご本人が歌っています。それを聴くと、なんと！　さらりとしていて、清楚な感じがしたものです。これなら、死のテーマの裏版《ヴアージヨン》として、青春からの訣別の歌として聴いてもいいような気がしました。とすれば、そばに咲いているのはアネモネかスイートピー、あるいはひなげし？　――春の終わりごろの赤い花になるな、などと空想して楽しんだりしました。

彼の歌は、その歌われ方、また聴き方によって、いろいろな意味にとれるのが面白いと思います。

――一九九三（平成五）年、『平成浪漫派』より

赤い色と死

きたやまおさむ

『赤い橋』は、私がディスクジョッキーで深夜放送「パック・イン・ミュージック」をやっていたとき、低いハスキーボイスで有名だった浅川マキさんのために創ったものです。フォークルが解散する頃に、深夜放送がはじまって、スタッフは主に若い人たちをターゲットにした内容を考えていました。夜中の二時間半、音楽を流しながら喋りつづけていたのです。私を担当してくれたＴＢＳ（東京放送）ディレクターの加藤節男《かとうせつお》は二〇代後半の、知的で音楽の造詣も深い人でした。この番組には、音楽やエンターテイメントといっても、永六輔《えいろくすけ》など知的な人種が集まり、自然と、ものを考えさせるような音楽番組が作

られていました。

あのころ、時代のカリスマとして、寺山修司、五木《いつき》寛之《ひろゆき》、野坂《のさか》昭如《あきゆき》などがいて、アングラというネーミングが流行《はや》り、私たちもそういうジャンルに組み入れられていました。中央文化に対して、もう一つの文化や対抗文化を作ろうということで、その担い手の一つが昼に対する深夜放送だったのです。とくに反体制というわけでもなかったのですが、私は体制にすっぽりとはまるのでなく、半分は体制側、半分ははみ出した側に身を置くというのが習い性で「半体制」と自称していました。

そのときに誕生したのが、この『赤い橋』です。浅川マキさんに会うと、いつも黒い服を着ておられて、ああこの人は、死を歌うと似合うのではと直感的に思いました。ことに彼女の『かもめ』という歌のなかに、すでに、赤い血が流れてゆく場面がありましたので。

主題は、渡ってしまったら、もう二度と戻れない橋があるという、死の橋です。死をめぐるテーマというのは、私に一生ついてまわるのですが、その代表作の一つといえましょう。歌詞に赤が出てきますが、これは伏見稲荷の無数の鳥居ですね。あの赤いトンネルをくぐってゆくとき、どこか死につながっているようなイメージがあります。

はっきり言って私は、昔から死が怖いのです。多くの人が死ぬのは怖いでしょうが、私の世代に特に死の恐怖が強くあるとすれば、小さいときの体験が影響しているように思います。あのころ、近親者や知人の死という体験は、大家族ではそれほど珍しいことではなく、死んだらもう会えなくなるという悲しみ、取り返しのつかない痛み、そして悼み——生きている間にもっと仲良くしておけばよかったのにという後悔がたびたび生まれていたのです。

個人的には子どものころ、一緒に暮していた祖父、祖母を亡くしたので、死は身近なものでした。とくに、祖母を亡くしたあと、あれこれと後悔しました。おばあちゃんは、私にとって母親代わりだったのです。母親は、父のクリニックの手伝いで忙しかったので、祖母は母に代わって私の面倒をよくみてくれました。

その祖母に、私はすごく憎まれ口をきいていたと思うのです。というのは、母親に会いたかったのでしょう。今思えば「お前は違う、お前は偽物だ」と怒りをぶつけていたのです。仲が悪いままだったので、祖母が亡くなったときに、すごく後悔しましたが、遅かった。「渡った人は帰らない」というのは、このおばあちゃんのことが原点です。その後も、多くの人を見送りましたが、祖母の喪失は器用に乗り越えることができていません。

死が怖いというのには、二種類あります。一つは、死ぬことに伴う別れの痛みが怖い、つまり死ぬことが生み出すブラックホールのように空く穴が怖いということ。もう一つは、日本神話に描かれているように、死体が朽ち果ててゆくことの醜さ（見にくさ）です。これを放置すると、残酷にも、時間とともに大事な体は融解してゆきます。さっきまで元気だった人が腐ってゆくなら、罪悪感と涙で私の心まで腐ってゆく。体の液状化と風化のプロセスを止められない私はもがき苦しみ、命の色として、せめて赤い色が欲しいと思ったのでしょう。赤い花には活気をもたらし、遺体が大地に還る際の未練や痛みを軽くしてくれるような意味があったといえます。

4 『戦争を知らない子供たち』（1970）

青春と反戦

前田重治

ヒマワリが三〇センチほどに伸びている玄関先の郵便受けを開くと、北山さんからのCDが届いていました。『北山 修 青春詞歌集』というアルバムです。「こういうめずらし

『戦争を知らない子供たち』
作詞＝北山 修　作曲＝杉田二郎

戦争が終わって僕らは生まれた
戦争を知らずに僕らは育った
おとなになって歩きはじめる
平和の歌をくちずさみながら
僕らの名前を覚えてほしい
戦争を知らない子供たちさ

若すぎるからと許されないなら
髪の毛が長いと許されないなら
今の私に残っているのは
涙をこらえて歌うことだけさ
僕らの名前を覚えてほしい
戦争を知らない子供たちさ

青空が好きで花びらが好きで
いつでも笑顔のすてきな人なら
誰でも一緒に歩いて行こうよ
きれいな夕陽のかがやく小道を
僕らの名前を覚えてほしい
戦争を知らない子供たちさ
戦争を知らない子供たちさ

いものが出ました。きいてみて下さい。一度でいいです」というメモが付いて。これのオリジナル盤が出たのは一九八一年で（東芝ＥＭＩ）、それがこんど再販されたそうで、歌詞カードには、当時の黒髪も艶やかな彼の写真もあれこれと載っています。

そのなかには、青春時代の自作の一〇曲が収められていて、それを自分で歌っています。なかでもよく知られている、『戦争を知らない子供たち』〈戦争が終わって僕らは生まれた／戦争を知らずに僕らは育った〉は、一九七一（昭和四六）年の日本レコード大賞作詩賞もとったし、あの時代の流行語にもなったりしたものです。彼は戦争を直接には体験していない世代です。しかしその悲惨さについては、いろいろと聞かされて知っているはずなのに、あえて「知らない」と言い張っているところが面白いと思いました。

印象的なのは、二番の〈今の私に残っているのは／涙をこらえて歌うことだけさ〉というフレーズです。これが、この歌のポイントなのでしょう。戦争を知らないことが、いかにも罪なように言われるし、長髪もいけない、若いくせにと言われる――そこに、子ども・青年の反抗心が燃える。しかし、どうしようもないことです。それが三番で、〈誰でも一緒に歩いて行こうよ／きれいな夕陽のかがやく小道を〉ということで、心がひらかれています。

この美しくてバランスのいい温和な反戦歌に、みんなは拍手を送ったものです。彼のライブやコンサートで、この歌を何度も聴きましたが、私としては、バックに子どもたちの無邪気な声のコーラスの入ったものが、一番ぴったりくる感じがしています。

そのほかに、残念ながらここには挙げていませんが、青春の切なさを歌った『さすらい人の子守唄』とか、はじめて聴いた『初恋の人に似ている』のシックなデュエットは、お洒落だなと思いました。

歌詞カードには、それぞれの曲について、若い日の思い出が、細かな文字でびっしりと語られています。青春の真っただ中で歌われていたものを、すでに不惑の齢も過ぎた大人になった後に、もう一度歌い直すことで、若かった自分にとって、歌はいったい何だったのだろうと、問い直されています。そして時代の流れを、「自分で納得できる形でもって示し」たかったという時代性、また「オトナにもコドモにも書けないものを書いた」という年代性についても述べられていて、興味深く思いました。そこに旅とか別れの歌が多いのは、青春期からの訣別となります。「歌詞の中に今まで歌ってきた〝涙〟とか〝青空〟とか〝夕焼け〟だとかは、もう僕には見えないのです」。

そしてふりかえってみて、歌はやはり自分のために必要だったもの――「長すぎる、そして有意義なまわり道」だったと結ばれていました。

――一九九五（平成七）年、『昨日も今日も』より

戦争のなかの気楽　きたやまおさむ

私たちの子どものころは、戦争や戦争ごっこは身近なものでした。遊びのなかに、戦争をテーマにしたものがいろいろあり、たとえば、学校でやる「騎馬戦」なんて戦いそのものでした。

そして、家の近くに、アメリカの進駐軍のホテルがありました。そこに米軍兵士がやって来たのですが、米軍は私たちにとって、米国文化を持ち込む華やかさと、何が起こるか

解らない不気味さという両面を備えていました。若い眼科医だった生真面目な叔母は、いざという時の自死のために青酸カリを握りしめ、彼らが京都に来るのを待ち受けていたようでした。

彼らについての、私にとって恐怖の原点は、いつかの夜、目を覚ますと、枕元に進駐軍の兵隊MPが立っていたことです。それで父親が進駐軍に連れられていき、一晩帰ってこなくて、ひどく心配し、殺されたのではないかと思いながら、一夜を過ごしました。枕元に立った進駐軍兵士の姿は恐ろしい光景として、今でも覚えています。京都駅前で開業していた父は、駅前に多かった娼婦の妊娠、そして堕胎《だたい》のことで、何か調べられたということでした。

同時に、彼らはあの雑然とした駅前広場に、明るいアメリカ文化を持ち込んでくれたのです。それは当時の暗い文化状況にあって、一種の救いでもあったわけですね。青年時代アメリカン・ポップスやフォークソングに憧れた原点というのは、彼らがチョコレートとともに持ち込んでくれたアメリカ人の遊び方だったのです。

駅前の「米国」には、今ではディズニーランドにみられるような華やかな遊び場のはしりの、移動遊園地が広場に作られて、ジェットコースターとか、小さな観覧車まで持ってきたのにには驚きました。

そこに私は、矛盾したものを共存させる装置（つまりメルティング・ポット）を見ていたと思います。それは、恐怖が娯楽になるという仕掛けであり、人を殺す人たちが面白い娯楽を持ってきたのです。

つづいて少年の頃は、短波放送に耳を傾け、世界中の放送を聴こうとし、ラジオを通して、世界の音楽を楽しむことができました。放送局に、手紙《ファンレター》を送ったりもしていたのです。あのころ、共産圏からの日本人向け放送も入ってきたので、父親は私がそれと連絡をとるのを警戒し、怒って禁止したこともありました。そして同時に、戦争においては私たち人間が殺し合いでいかに残酷になるかという話をしました。それと、戦争中も含めマスコミがいかに当てにならぬものか、という話をぶつぶつ愚痴のようにくりかえしていました。

アメリカ軍のＦＥＮ（極東放送網）には、戦争の凄惨さに、音楽による甘い誘惑がこめられていたので、私はそこにも矛盾した二面性を見ていました。つまり、人間や世界の光と影として、軽い娯楽と醜い戦争の混交体として感じられていました。

終戦のおかげで平和な時代がやってきて、若い夫婦は子どもをもうけることができ、私は戦争直後の受胎で、生まれてきたわけです。私にとって戦争と楽しみの混交は、人生のスタートからあったのですね。

アメリカ映画にも熱狂し、尾をひいている戦争が戦争ごっこというゲームになる仕掛けにとびつきました。『駅馬車』などのジョン・ウェインの一連の映画や、ゲーリー・クーパーの決闘などに目を見張り、同一化し興奮しました。ライフル銃やピストルで戦って死ぬことの残酷さと栄光、戦争と遊び、死ぬことと生き残ることの両面性を身近に感じ、考え込み落ち込んでもいたようです。

そして大学生時代のことになりますが、激しい闘争がキャンパスに巻き起こり、理想主義は次第に悲惨なかたちを呈し、急激に泥沼化しつつありました。音楽を楽しむ私を見て、父たちは「戦争を知らないくせに、チャラチャラして、女の腐ったようなやつ」と言い、私は、「戦争を知らないからこそ、歌いたいことがある」と感じていました。相手となる父性的権力は巨大で、軟弱な私は、涙をこらえて、自分の言葉で歌うことだけが自分にできることだと思ったのです。

歌というのは、それまでは人が作った歌を歌うだけで、人に歌わされるだけのものでした。しかしフォークソングには、お前たちの歌を歌ったらどうか、というメッセージがあったと思います。それで、世代のことを父親世代へ向けて歌ったのが、『戦争を知らない子供たち』と言えましょう。有意味な戦争をしているぐらいなら、無意味に花や夕焼けの歌を歌っていたほうが絶対ましだという、じつに「いい加減」な、しかし力強い発想でした。

終戦直後、多くの日本人が乗り降りし、通り過ぎた、「駅」という場所で、物心のついた私が遊んだことが、この曲を生んだと言えるかもしれません。広場では、傷痍《しょうい》軍人の悲しい軍歌と米軍の華麗なジャズがまとまりなく流れ、死んで遺骨となって帰って来る人もいれば、生きて帰って来る人もいました。瀟洒《しょうしゃ》な木造の駅舎の前には、殺し合いや死と、それらが歌という遊びや娯楽になる装置の双方が展開していたのです。

5 『題名のない愛の唄』（1975）

愛の原型

前田重治

五月の夜、北山さんと「マダムまき」のカウンターで飲みながら、歌の話をしました。最近はジャズ調のテンポのいい歌が流行っているけど、その歌詞には味がない。ただ

『題名のない愛の唄』
作詞＝北山 修　作曲＝杉田二郎

愛とか恋とか ふざけた文句を
いくつ並べてもいいけど
身体をあわせて
　しっかりはなさぬこと
誓いあう 何度も

　明日がないなどと
　キザにふるまうよりも
　やさしさがほしい
　今こそ二人で 二人で

肩から腰へと 流れる体の線に
手をかけて ひきよせた
君はふざけて その手を払いのけて
笑い顔を見せたね

　まるで子供の様に
　今日は朝が来るまで
　のぼりつめる時を
　今こそ二人で 二人で

背中に届いた あなたの細い指が
痛いほど くいこんで
それに答えて 言葉にならない声で
この胸をふるわせた

　やがて二人は旅に
　宇宙をかけめぐって
　炎に燃えつきる
　今こそ二人で 二人で

曲に乗せるために、言葉が置かれているだけのような気がしている。あの一九六〇年代から七〇年代の歌の黄金時代のように、深い味のこもった歌——言葉が印象に残るような歌は、復活するのだろうか、と持ち出しました。

私は歴史はめぐって、いずれふたたびまたそういう時代もくるのではないか、という願望も込めて語りましたが、彼は歌謡史の流れからみて、もうおそらくムリだろうという悲観論でした。そのせいなのか、近ごろのテレビでは、やたらとむかしの歌のリバイバルが多いようです。すでに歌詞の時代は遠くなってしまったのでしょうか。

もともとシンガーソングライターのフォーク歌手の歌には、メッセージ性がはっきりしているか、個性的な（自分的な言葉の）イメージが豊かな歌詞のものが多いようです。先日、北山さんからもらった『北山 修 ファースト・アルバム 12枚の絵』（一九七六〈昭和五一〉年）など、まさに言葉が堰《せき》を切ったように溢れ出ている感じでした。そのなかの、『題名のない愛の唄』〈愛とか恋とか ふざけた文句を／いくつ並べてもいいけど〉は、官能的で新鮮な感覚の曲です。

そこでは、若い女性の裸身としっかりと固く身を寄せ合っていて、やがて愛の極致《きょくち》にいたるということが謳われています。これは彼の歌のなかでは異色のものでしょう。そこには男女の性的な結びつきが、清冽なふんいきで描かれています。愛は、身体的な結びつきからはじまるのでしょう。その情景が、杉田二郎《すぎたじろう》の声で語りかけられています。

それを聴いている私には、日和聡子《ひわさとこ》の太古時代の小説『おのごろじま』（幻戯書房）のなかの「みとのまぐわい」の一場面が思い出されました。それは天《あま》の沼矛《ぬぼこ》でかきまわした広い海が見渡せる崖の上で、イザナキとイザナミがまぐわっている情景です。白昼の、静寂な、真っ白い世界です。苔の上で、言葉もなく、二人がぴったりと身体を寄せ合っている姿――これが愛の原型だな、と思いました。

これに、『題名のない愛の唄』というタイトルをつけた彼のセンスも大したものです。

――一九九五（平成七）年、『昨日も今日も』より

セクシュアリティとプレイ

きたやまおさむ

『題名のない愛の唄』は、ロンドンで精神分析を受けている最中にできた歌です。私は、モーズレイ病院とロンドン大学精神医学研究所で精神医学の卒後研修を受けていました。そして精神科医になったのですが、そこで精神分析と出会ったのです。そこで受けた精神分析というものが、その後の私の人生を決定づけたとも言えるのです。

その当時の私は、まじめに勉強することと、好きな歌を歌うことを両立させるという課

題に正面から取り組み、その分裂に悩んでいました。しかし医者になりたいという思いで、精神科医をめざしてロンドンに来たわけですから、まじめに勉強すればいいわけです。が、マスコミ活動に背を向けたものの、音楽はやりたいし、歌は作りたいという希望もまた引きずっていました。そこで、精神分析と出会ったのが、じつに幸運だったのです。

そして、ロンドンには加藤和彦のバンド「サディスティック・ミカ・バンド」がやってきたりして、マスコミの邪魔がないうえに、音楽仲間の刺激には事欠きませんでした。ロンドンにやってきた杉田二郎とも二人で歌を作り、ロンドンでレコーディングし、私も参加してできたのが、『男どうし』という曲が入ったアルバムで、そこに本作は収められました。

精神分析は、深層心理の決定的な要因として性（セクシュアリティ）を強調するものでした。それに呼応するかのように、ここで歌われている歌のテーマは、セックスです。そして女というものの話であり、人間にとっては大きなテーマです。男児の性を刺激するものは、明らかに姉妹であったり、また叔母であったりするものでしょう。だから、女をどう位置づけるかが、私にとっても大きな課題でした。

私の叔母は眼科医でしたが、私に「修」という名をくれた名付け親でもあります。自由人で知識人であり、結婚して三重県で開業していましたが、そこの書棚には、ヌード写真が載った雑誌が置いてあって、大いに刺激を受けました。彼女においても、医業のかたわら女性ヌードの絵を描いたりしていて、まじめに勉強することと、アートに引き裂かれる自分がいて、おそらく、それが思春期の私自身の課題を映し出していたようです。

　私にも欲望と理性の間に、激しい心の葛藤があったことを思い出すのですが、これを一語で統合する概念に、ロンドンで出会うわけです。それは、「プレイ」という言葉で、そのころ青年期だった若者には重要なキーワードでした。レコード・プレイヤー、ベースボール・プレイヤー、ギター・プレイヤーと言いますが、この文化的なプレイと、もう一つの卑下されるべきプレイがあって、それを共存させる『プレイボーイ』という雑誌がアメリカにありました。雑誌には、乳房の大きな女性ヌード写真と、政治的なコラムとが一緒に載っており、わりに知的な記事もありました。日本語でプレイボーイといえば「遊び人」で、主に悪い意味に使われますね。それをちょっとお洒落な言い方にしたのが『プレイボーイ』のそれであり、戦後の日本には「プレイ」という言葉を肯定する使い方が氾濫していました。

「プレイ」には、子どもの遊びもあるし、ギターを弾くプレイヤーもいるし、私の好きな野球選手もプレイヤーです。悪い意味に良い意味を持たせて、いい加減な「遊び人《プレイボーイ》」を積極的に肯定する英語は魅力的だと思いました。つまり、遊びのなかに、セックスがあり、芸術的な営みもあり、そこに創造的な行為があって、娯楽やビジネスもあるのです。

西欧社会のなかでは、プレイを謳歌してもいいのだ、ということなのです。さらに、遊びは遊ぶことがその実践ですが、と同時に、知的な研究の対象にもなり得るのだということを、ロンドンで、ドナルド・ウィニコットの精神分析理論から学びました。ちょうど彼が亡くなったばかりの頃だったので、天才だと言われて、いろいろ伝説が語られていました。その彼に、『遊ぶことと現実』という著書があり、またフロイトには、遊びを扱った「詩人と空想すること」という興味深い論文もあります。

精神分析は、性や遊びを創造的に生かすのが人生におけるその実践であり、それについて考える学問です。同時に、性からも遊びからも目をそらさないで考える文化論、芸術論もあり、それを人の治療に役立てるための臨床技法論、さらにそれを生かす臨床理論、エトセトラとして考えようという世界観に出会ったわけです。

これはいま思うと、偶然というより、出会うべくして出会ったという感のある出来事でした。

それともう一つ、モーズレイ病院では、症状の無意識的意味を考えない行動療法という学派も力があり、当時は深層の意味を考える精神分析と激しく対立していました。病院全体が、分裂し対立してケンカしていたと言っても過言ではないのです。その論争を学生にすべて見せてくれたわけですが、これは私にとってはとても勉強になりました。目の前の論争で、精神分析は、日常ではほとんど否定的に扱われることのある遊びや性の意義を真面目に主張していたのです。

今でも多くの方々が精神分析を学びにロンドンに行かれていますが、私の場合はウィニコットを学びに行ったのでなくて、行ってみたら彼の精神分析が待っていたのです。それで遊びながら知的に考えることの大切さを学びました。もちろん人間の矛盾や不合理というものは、そう簡単に統合されるものではないでしょう。だからウィニコット学派という言葉はなく、ひろくとらえて「独立学派」と呼びますが、私もそのように生きてきました。

ウィニコットは遊びが大事であって、まずは楽しく遊んだあとで、そのことを知的に考えようという考え方で、遊ぶことを日本的に羞恥心や罪悪感によって隠さないことが貴重なのです。ともかく、禁じられた欲望が肯定されたおかげで、この歌は生まれました。その意味では精神分析の体験がなければ生まれなかったものと言えます。

6 『紀元弐阡年』（1968）

祭りという退行

前田重治

〈めでたいな　めでたいな〉と歌われている、お祭りのお囃子のような、調子のいい『紀元弐阡年』という歌を看板に掲げて、「ザ・フォーク・クルセダーズ新結成記念解散音楽會」が開催されました。〈人間やって20年／世の中なんて 甘いもの／天国地獄 くそくらえ〉とはじまるけったいな歌です。〈盆と正月 一緒に来たよな〉めでたさなので、〈赤飯炊いて 祝おうよ〉と、踊り出したくなるような歌です。

そのコンサートに招待されていたのですが、都合がつかなくて見に行けなかったので、あとでテレビの録画を見せてもらいました。

はじめは、歌舞伎の襲名披露と同じ形式で、三代目市川猿之助《いちかわえんのすけ》丈の口上があって、三人がちょんまげに白塗りの裃《かみしも》姿で平伏していた姿が愉快でした。はしだのりひこの代わりに、THE ALFEEの坂崎幸之助《さかざきこうのすけ》が出ています。

その口上の舞台のあと、歌に移るまでにかなり間があいたのですが、あとで聞いたところ、楽屋で慣れない白塗りの厚化粧を落とすのがたいへんで、ひまどったそうです。そしてこの『紀元弐阡年』というお祭りの熱狂へと突入しています。『イムジン河』などをはじめ、彼らフォークルの代表曲がくり出されていました。そのなかでは、三人とも歌の調子に乗せて、即興的な歌も披露されていました。

客席には、東京の友人の顔も見えたりして、舞台の演奏を大いに楽しんでいる様子も映

『紀元弐阡年』

作詞＝北山 修　作曲＝加藤和彦

人間やって20年
世の中なんて 甘いもの
天国地獄 くそくらえ
あ〜 大さわぎ

めでたいな めでたいな
赤飯炊いて 祝おうよ
盆と正月 一緒に来たよな
あ〜 めでたいな

神様達が 苦労して
つくった子供が 人間さ
おサルさんより えらいはず
あ〜 大さわぎ

めでたいな めでたいな
赤飯炊いて 祝おうよ
盆と正月 一緒に来たよな
あ〜 めでたいな

っています。まあ、それにしてもたいへんなお祭り騒ぎで、やっているほうも、見ているほうも大いに楽しんだものでしょう。こればかりは、その現場にいなくては味わえないものだったろうと、まことに残念でした。あとの祭りというものです。

北山さんは、お祭りが大好きです。全国あちこちのお祭りを見て回ったという話を聞いたこともあります。

彼が監修した『日常臨床語辞典』(誠信書房)に、祭りは、「非日常的な実存的充実を体験させるものである」、そして遊園地でみられるように、人びとが退行(幼児返り)する場である、などと書いています。

この「退行」というのは精神分析の用語ですが、それは日常の現実から一歩身を引いた心の状態のことです。それは夜の夢の状態というのが代表的なものですが、白昼夢(空想)にひたって、ぼんやりしているときにもみられます。またお祭り騒ぎや、遊びに熱中しているとき、映画や音楽や舞台に夢中になっているときにも、酒でほろ酔いのときにもみられます。そこでは、ふだんコントロールされている(抑圧されている)感情が発散(カタルシス)されやすいものです。その一方、日ごろ気がつかないでいるような(前意識的な)心が働いて、直観的・連想的・創造的な心が活発になって、創造性が高まることもあります。したがって一時的に退行できるということは、心が遊べるというわけで、心が柔軟であるという標《しるし》ともいえます。

この退行は、精神分析治療で、寝椅子の上で「自由連想法」をおこなっていると、しばしばみられるものです。自由連想をつづけてゆくと、しだいに退行してきて、過去の、とくに幼少期の記憶や感情がよみがえってきたり、その当時の対象関係が分析家との間でくりかえし再現されてきたりします。精神分析は、それを通して自分の無意識に気がつくように仕向けてゆくものです。

この音楽会が終わったあとで、記念の「デラックス・エディション」という大きな箱入りのプレゼントをもらいました。そこには、フォークル結成当時のサイン入りポスターやら、彼らのこれまでの活動を写した分厚い写真集、また北山さんの歌詞の生原稿なども収められていて、書いたり消したりしているインクの跡が生々しいものでした。そのほかに、CDとレア映像のDVDなどが四枚も入っていました。昔からのファンなら涎《よだれ》が出るような品々なのでしょう。

おめでたいな　きたやまおさむ

ザ・フォーク・クルセダーズが『帰って来たヨッパライ』でプロデビューしたあと、アルバムを作るという企画が決まって、本作はすぐにできました。そのアルバムのタイトルがそのまま曲名になったものです。そして、これが私たちのテーマソングのようなものになりました。

私たちには、『イムジン河』や『悲しくてやりきれない』のようにまじめに取り組んだシリアスな歌と、まったく意味なく遊ぶ歌の両面が存在していました。

言葉というものはたいてい意味があって、無意味とされやすい楽しみとは対立関係にある場合が多いのですが、ことに歌では有意味の言葉と無意味な音とが両立しやすいのです。

それに、遊びは必ず終わるものですが、歌ほど、くりかえし聴いてもらえるものはありません。映画でも、小説でも、演劇でも、あまりくりかえしては見ませんが、音楽というのは不思議なことにくりかえし聴いても飽きないのです。他のものとちがって、音楽はなぜくりかえし聴きたくなるのでしょう。おそらく音楽の魔法は、ハーメルンの「笛吹き男」のように、意味のない国へ何回も瞬時に連れて行ってくれる、いわば「のせる」ところにあります。

そのうえ、歌はすぐに終わるのです。昔の歌は、ふつう二、三分で終わりましたが、この『紀元弐阡年』は二分たらずで終わります。すぐに終わるからこそ一〇〇回でもくりかえし聴けるのです。

魔法の詳細はいまだに謎ですが、意味なくどこかに連れて行ってくれるのだけど、またすぐに終わるということ、それも確実に元の場所に戻れるというのも大きな魅力ではないでしょうか。終わりのない歌はないので、大晦日の紅白歌合戦の時間が延びたということはないのです。

ゆえに、音楽の楽しみを味わうことなしに人生を終わるのは、いかにももったいない。たしかに、人間が発明した魔法のなかで、最高の仕掛けだと思います。ほかの芸術ジャンルにも素晴しい感動がありますが、私は、ただ楽しいからという軽薄なノリで、音楽に関わることができて幸せでした。

なのに、フォークルでこの曲をつくる頃には、近いうちにやめようという話が出ていたのです。めったに飽きるはずのない音楽活動に飽きてきたのですから、とんでもないことが起こったわけです。

自分の意思で一日に何度か聴いたり演奏したりするのはいいのですが、人から何度も同じ歌を「歌え」と言われると、嫌になるという現象が起きていました。ショービジネスですから、皆さんからリクエストされるなら、プロのミュージシャンはそれに応えなくてはならない。三波春夫《みなみはるお》さんが「お客様は神様です」とか言っておられるように、基本はお客さんに逆らってはいけないのです。

グループとして、すでにお祭り騒ぎのピークを迎えつつあるように感じ、もう楽しむだけ楽しんだならやめてもいいと考えていたのです。だから、〈めでたいな めでたいな〉というフレーズがつづきますが、この部分が精神分析でいう退行現象、つまり「幼児返り」のピークなのです。みんなで子ども返りして、腹いっぱい楽しんでいます。またこれが、カタルシス（発散・解放）の効果です。

しかし祭りは、終わります。『錯覚と脱錯覚』（岩崎学術出版社）という本にも書きましたが、祭りの非日常性は錯覚なのだけど、しかし錯覚は確実に終わるのです。

私たちは精神分析治療で、気づかなかった意味に気づくこと（＝洞察）を求めますが、その気づきは、たいてい遊んだあとにやってきます。

火遊びは、一途に燃えたあと冷めてくるときに、その熱病の意味を考えるとちょうどいいのでしょう。ところが日常生活で、急激な喪失のために、その意味に縛られてしまって遊べなくなっている人がいます。そういう、意味に囚われた人たちが、患者さんとしてやって来ます。

しかし音楽があるなら、それが終わるプロセスで、その深い意味を噛みしめられる。遊んでいた私たちは、夕方になって、「カラスが鳴くから帰ろう」と歌います。夕焼け空を見ながら、ときにはお父さんやお母さんの背中におぶさったりして、その後は手をつないで帰ったものでした。その帰り道で私たちは、楽しい時間は終わるものだという洞察を得たと言えるでしょう。

終わることを恐れていては遊べないけど、飽くことも忘れて遊んでおいて、やがては終わるという体験で、ほんとうに終わったなあという意味が味わえるなら、物事は取り返しがつかないという現実的な考えも生まれる。「寂しさ」や「喪失」という意味の「味」を、私は幼いうちから深く味わってきたのです。

順番でいうと、先に祭りがあって、そのあとの「後の祭り」があるのでしょう。湯たんぽでたとえると、温かいときには温かさを享受するだけの快適な段階と、それが冷えてゆくとき、足先でその喪失を感じるというネガティブな意味の段階があります。大事なものはなくなるからこそ、その全体がありがたいのだと、その当時から感じていました。こうした有意味の思考と無意味の軽薄の両方あることがフォークルの魅力であり、意味がアルとナイ、それぞれ同等にメリハリのあるかたちで反復していたものです。

7 『長相思』（２００３）

人間賛歌

前田重治

五月晴れの午後、北山さんと博多座に、市川猿之助のスーパー歌舞伎『新・三国志Ⅲ——完結篇』を観に行きました。

じつは、この劇の挿入歌『長相思《チャンシャンスー》』を、北山さんが作詞していたので、関係者のご招待ということで、私はそのお相伴《しょうばん》にあずかったものです。彼はすでに東京でその舞台を観ていて、その華麗さにおどろいたと言っていました。

それは三国志の後日譚で、壮烈な戦い、反逆と忠誠、愛するものとの別れ、関羽《かんう》ゆかりの青龍刀の魔力——やがて戦乱に疲れた三国の時代は終わり、晋の国に統一されるというストーリーです。

舞台では大雪が舞い、大きな滝からは水がとび散り、建物一面に真っ赤な炎が燃えさかります。それらが、背景の上下左右に移動する大きな鏡に映るので、舞台の奥行きは無限にひろがって見えます。そこでは中国の京劇の人たちが、目の回るようなスピードで宙を飛び交いつづけていました。

途中の休憩をはさんで、四時間半という長い舞台でしたが、その最後には、客席全体をおおって、桃の花びらが燦々《さんさん》と舞い散るなかを、猿之助（関羽の亡霊）が空中で大きく見得を切って盛り上げていました。

> **『長相思』**
> 作詞＝きたやまおさむ　作曲＝加藤和彦
>
> **遠く離れてはいても 心はひとつ**
> **愛も憎しみも溶けて 心はひとつ**
> **あなたが見上げる星が 私を照らし**
> **万里離れて呼びあう たましい愛し**
> **ふるさと見下ろす星が 我を照らせど**
> **たれもあの日の母に 出合いかなわず**
> **遠く離れてはいても 心はひとつ**

こうした度肝《どぎも》をぬくような演出《けれん》や大がかりな装置には恐れ入りましたが、その大げささというのが、歌舞伎本来の趣向でもあるのでしょう。私はドラマの華々しい展開を追いながら、贔屓《ひいき》にしている中村歌六《なかむらかろく》が、孫権の役を重厚に演じていたのに満足しました。

そして歴史が変転する流れのなかで、北山さんのこの望郷の歌がながれるのです。〈遠く離れてはいても 心はひとつ／愛も憎しみも溶けて 心はひとつ〉。幾人もの英雄・豪傑が登場しては、死んでゆきます。その山場にかかると、この荘重な歌が切なく歌われることで、劇の感動が盛り上げられていました。オペラの詠唱《アリア》のように。

その加藤和彦の荘重な音楽も、なかなかのものでしたが、北山さんの歌詞が、猿之助のこの舞台での、人間賛歌という狙いのツボを心得て作られていたのに感心しました。

彼は、東京で観たときは、あまり近すぎたので舞台に呑みこまれてしまったけど、今日は劇全体の流れがよくわかったよ、と満足げでした。私は、膝の上や足元に舞い散ってきた桃の花びらを、五、六枚ポケットに入れて帰りました。

——二〇〇三（平成一五）年、『老人春秋』より

「イムジン河」——悲劇と望郷　きたやまおさむ

私が九州大学に行って、しばらく会わなくなった時代に、加藤和彦は市川猿之助と仲良くなり、スーパー歌舞伎の音楽を担当するようになっていました。彼らの仲の良さが絶対であった頃、私たちは再会し、二〇〇二（平成一四）年にフォークルを再結成、『イムジン河』をステージで歌いました。じつは、『イムジン河』は一九六八（昭和四三）年に発売が

中止され、再結成と同時に、ようやく発売になったのです。

再結成と再発売の直後に作られた『長相思《チャンシャンスー》』とは、スーパー歌舞伎『新・三国志』の登場人物二人の相思の想いを歌にした挿入歌です。表向きはそうなのですが、ここには背後にあった『イムジン河』をめぐる意味が重層的に歌いこまれているのです。「会いたい」「会えない」が、半島の分断の悲劇、そして『イムジン河』と私たちが引き裂かれたこと、そして加藤と私の分離、と公私にわたりくりかえされた分離と望郷が重なっている。

ここで『イムジン河』の「発禁」の事情を説明します。

プロになったザ・フォーク・クルセダーズでは、『帰って来たヨッパライ』の次のシングルレコードとして、『イムジン河』が発売される予定だったのです。タイトルは三八度線付近を流れる川のことですが、その訳詞が問題になり、また原曲も国交のない北朝鮮の国歌を作った人の作だということで、クレームがついたのです。もとの歌詞では、北の国では稲がゆたかに実っているが、南の国では枯れている。そして水鳥は北に帰って行くというような内容でした。それを松山猛が平和を希求する歌にすべく、国を分断したのは誰だという、大国の責任を追及した政治的な歌に変換したのです。フォークルがアマチュア時代から歌って話題になったのですが、シングルが発売される二、三日前になって、朝鮮総連の介入があり、東芝レコードの親会社の思惑もあって、結局のところ発売中止になってしまいました。

それが二〇〇二年に事情が変わり、三四年後に発売されることになったものです。やっと日の目を見ることになったのは、歌の「親」として嬉しいことで、私は、「イムジン河コンサート」という企画をたて、同じ曲について現存するさまざまな歌詞とともに、この曲の意義を語り、かつ歌うという音楽会を開催しました。

というのは、発表中止になったからこそ、定番がなくなり、皆さんが自由に歌詞を変えることが可能になったのです。企画したコンサートでは、最初は分断の悲劇を歌っていた私たちの歌詞が三四年の間に意味が変わり、だんだんと望郷の歌に進化していることを示したのです。あの蓮池薫《はすいけかおる》さんも北朝鮮に拉致されたあと、キム・ヨンジャさんの歌でこれを向こうで聴いて、望郷の念に駆られたと書かれています。そこで歌い上げられた歌詞にも、望郷の意味が込められていたと思われます。

さて、『三国志』に出てくるこの『長相思《チャンシャンスー》』という歌は、二つに分かれてはいたけど、長く思う心と心が一つになろうというものです。空を見上げていたら、この空をいっぽうで見ている人もいるのだな、という、二つのものが一つであるという歌です。ふたたび『あの素晴しい愛をもう一度』の主題ですね。

一体感は、基本的には母子関係における原初の状態を起源としていることになります。はじめ一つだったものが二つになり、二つだったものが一つになろうとするのです。このテーマが、遊び、セックス、歌、言葉、コミュニケーションでくりかえされるのです。だからこそ多くの歌で、離れていたものが呼び合うので、一つになろうとするのです。うまくいく場合は、子どもが「お母さん」と言葉で呼んだら、お母さんがやって来てお相手をして、というように、二つが寄り添って一つになります。

恋唄《ラブソング》とは、二人が呼び合って生まれるものなのです。恋や愛の主題が歌に多いことは、そもそも歌が——言葉にしてもそうですが、お互いに呼び合うかたちで生まれるという発生論とぴったり合う事実なのです。しかし、遊びでも歌でも一体感が成立するのですが、また別れてゆくことになります。そしてまたくりかえす。そう考えると、言葉は、歌とともに生まれるとも言えましょう。

マザリーズ（母親語）とは、私たちが乳幼児に向かう時自然と口を突いて出る話し方のことですが、お母さんたちは、子どもに歌うように話しかけていると言われます。例えば「〜チャン」という赤ちゃんに話しかける声は、調子を高くして歌うように話しかけるようです。そこから、ちゃんとした言葉が生まれると考えるなら、母子が一緒に歌うことのほうが先にあって、そのあと言語になってゆくものでしょう。

多くの人が乳幼児には高い声で歌うように話しかけるのですが、さらに別の観察では、日本人は老人に対してもそうだと言います。耳が遠いということもありましょうが、その背後には、老人は子どもに戻ってゆくという思想があるのではないでしょうか。「おじいチャン」と高い声で言うと、子ども扱いしてと、怒る人もいるかもしれませんが。人は生まれて、成長して、大人として高いところをめざし、高尚なレベルにまで達してゆく。しかし日本人には、そのあと子どもに戻って、やがて死んで、足元の土に帰ってゆくという考えがあり、老人の子ども返りを大幅に認めているのではないかと思います。

今日、「子ども返り」という言葉はあまり使われなくなっているようです。私たちは、だんだん世界が分化し、その分化した世界の物事をさらに細かく分類して見ることができるようになっていますが、相対的に普通の人間はだんだんその知的な世界に後れをとっているようです。だから、一つが二つになり、三つが四つになるのとは反対に、こんどは四つが三つになり、二つが一つになってゆくということ——やがてはいっしょくたになる、そんな逆行の思いでこの歌を作ったのです。

8 『人生号 Jinsei-GO!』（2004）

人生の船出

前田重治

毎年の秋に全国の各県を順番にまわって、国民文化祭、通称「国文祭」というのが開かれていることは知りませんでした。その順番が、福岡にまわってきたそうで、「とびうめ国文祭」と名付けられていました。そのイメージ曲の作詞を、北山さんが担当したそうで、福岡ゆかりの、甲斐《かい》よしひろが作曲し、氷川《ひかわ》きよしが歌うということでした。

そのオープニングの会場のマリンメッセ福岡に行ってみると、七〇〇〇人もの観客がびっしりとつめかけていました。北山さんについてゆくと、その招待席は二階の正面に紅白の幕で一段と高くしつらえられた、皇太子さまの席の前のほうにありました。

その正面の大舞台では、県知事や来賓の挨拶のあと、大勢の県民が出演する福岡にまつ

『人生号 Jinsei-GO!』
作詞＝きたやまおさむ　作曲＝甲斐よしひろ

お急ぎですか そこの旅人《たびにん》さん
何から逃げてるんでしょ
追いかけるのも あきらめましょか
壊れたシャボン玉なら
再出発 生まれ変る「人生号」
白い帆には 熱い希望 かき集め
春の港を 老いも若きも一緒に
七つの海へ さあエイコラ 漕ぎ出そう

風にまかれて 焦る旅人さん
道に迷っちまったのかい
腹も立つだろ 地図の通りにゃ
いかないことばかりだねぇ
潮にのれば 風にまかせ「人生号」
独りだけじゃ 明日は見えぬ 集まって
嵐の海も 力合わせ声合わせ
七つの海へ さあエイコラ 漕ぎ出そう

はるか水平線 暁の空高く
七つの海へ さあエイコラ 漕ぎ出そう
君を待っている 力合わせ声合わせ
七つの海へ さあ人生 go, go, go
渡り鳥たちの 翼に乗り飛んでゆけ
七つの海へ さあ人生 go, go, go
ララララララララ……

わるパフォーマンス・ショーがはじまりました。舞台は、やはり福岡出身の女流講談師の神田紅《かんだくれない》の歯切れのいい語りで進行します。北九州の華々しい和太鼓の舞やら、韓国から参加した太鼓の輪踊り、そして筑豊の炭鉱を象徴する『黒ダイヤ・ロック』の群舞で、氷川きよしの声がはずんできます。

やがて、何十本もの大きな旗を振りまわしながら、舞台を走り回る華麗な音楽劇です。それはスーパー歌舞伎『新・三国志』をつくった横内謙介《よこうちけんすけ》の演出だけあって、二つの国の争いのなかで愛し合っていた若い男女の悲恋のドラマもしっとりと描かれていました。

これにつづく「美しき故郷の思い出」の舞台も印象的でした。井上陽水《いのうえようすい》の『夏まつり』の歌に合わせて、数十人の小学生が登場してきて、それぞれに夏の日々を楽しんでいました。また白秋《はくしゅう》の『からたちの花』の流れる場面で、戦前から戦後にかけてのさまざまな年代の男女が、それぞれの時代の衣装で登場してきて、時の流れが表現されました。なかでも、胸に白い遺骨を抱いた若い未亡人と、白衣に包帯、松葉杖の傷痍軍人の姿が日をひきます。そういえば終戦のあと、博多湾の港には数多くの軍人や家族の引揚船が着いていたことを思い出しました。

そのあと、柳川の若い一組のカップルが、川下りの小舟に乗って登場して来て、氷川きよしの仲立ちによる人前結婚式もおこなわれます。新しい人生の門出を皇太子の前で祝ってもらうとは——とふりかえって、皇太子の表情《かお》を見ようとしましたが、紅白の高い段の蔭《かげ》になっていて見えませんでした。

やがてフィナーレとなって、男女一五〇〇人もの法被《はっぴ》姿の船子「飛梅組」たちが舞台にあふれて、勇壮な踊りの場となります。氷川きよしの『人生号』の歌に合わせて、溌剌《はつらつ》と櫓《ろ》をこぎながら舞い踊る群舞は圧巻でした。海が好きな北山さんの軽快な船出の歌です。

〈渡り鳥たちの 翼に乗り飛んでゆけ／七つの海へ さあ人生 go, go, go〉――そこの道に迷った旅人さんよ、さあ、生まれ変わって再出発しようよ、という人生の応援歌です。もともと海が好きで、ヨットやカヌーを乗り回していた北山さんにとって、船出というのは人一倍、心躍るものがあるのでしょう。

大海原《おおうなばら》を乗り越えてゆく勇気に満ちあふれた歌です。「人生 go, go, go」という歌詞がうまく生かされた勇壮な振り付けで、会場の観客を熱気に包みこんで、希望あふれる人生の船出のドラマが盛り上がりました。

「おそらく、こんなふうに歌われるだろうと予想はしてたけど、それにしても好い舞台でしたね」と、ご本人も感心し満足していました。私も同感でした。「ふつうの商業演劇とはちがった新鮮さがあって、これはなかなかの掘り出し物でしたね」。

――二〇〇五（平成一七）年、『歌謡曲だよ人生は』より

両棲類のごとく

きたやまおさむ

「とびうめ国文祭」（二〇〇四年）のプロデューサーから、福岡に縁のある人が楽曲を作って、それをミュージカルにして上演しようという計画が伝えられました。そこで、九州大

学の私、福岡出身のミュージシャンである甲斐よしひろ、それに歌手は氷川きよしが招集されました。氷川きよしはポップスを歌うときの名義を使用して、ＫＩＹＯＳＨＩとローマ字表記になったと思います。

広くは知られていない曲ですが、私にとって意味深く、海に面する九大キャンパスに来て一〇年余り経ち、まさに旅の途中、当時は、人生は航海だという強い思いがありました。生来マリーンスポーツが大好きで、ヨットやカヌーに楽しく勤《いそ》しみ、ずっと水に対して愛着を感じてきました。小学生のころは、下手でしたが水泳の選手もやりました。

水が好きという、その背景を考えてみるなら、やはり胎児のころに羊水につかっていた体験が楽しかったせいで、基本的に水のなかに戻りたいということなのかもしれません。実際に海やプールに潜って、地上の音が遠くに聞こえるときの絶妙の浮遊感は、まさに胎児のそれだし、そののちブクブクと水面に上がって行くのも誕生のくりかえしのようで愉快です。そして老いた今でも、プールでその水面下と水面上の間を往き来するのが、至福の遊びになっているのです。

またカヌーに乗って、そこから見上げる景色もいいものです。多くの皆さんは陸の上から川面を見るのでしょうが、カヌーから見る川は水面すれすれで、体半分が水面下にあり、重心が水中と空中の間にあって日常ではなかなかない体験です。

海であれ、川、沼であれ、私はカヌーで、両棲類《りようせいるい》のように、陸と水の両方に所属して、間を往ったり来たりするのが私の心身にとっての喜びなのです。下半身はお湯につかっていて、上半身を空中に晒しているという温泉体験もそうですし、人魚のような二重性を可能にしてくれるのが水面の娯楽です。

水につかりながら地上に出てくるという二重性——私の人生でくりかえされるのは、半分は地下にいて、半分は地上に出ているという、二股掛けた半々状態です。人間は、表では分化していて、裏ではつながっていることが、親子関係でも、夫婦や恋人関係でもありますね。時に、背後の「横のつながり」でくっついていて、表では分化しているという状態が、一番幸せなのかなと思います。根こそぎ抜けてしまって空中に出るのは所在なく、足元全部からめ捕られてしまっても身動きできなくなります。それで両棲類的に生きるというのは、体の半分を水につけて進んで行く生き方で、じつは人間にはそれが常態なのかもしれません。そして最後は倒れて、頭を水から上げられなくなったところで死んでゆく、といったイメージがあるのです。

詩的《ポエティック》な発想ですが、人は受胎して出生するまでの間に、系統発生をくりかえすという説があるでしょう。たしかに胎児の顔を観察していると、恐竜になったり、魚になったり、ライオンになったりしていますね。私には個体発生というのは、ひとつの受精卵から出発し、細胞分裂をくりかえして、魚や両棲類となって、上陸してゆくまでを母親の胎内でくりかえし、やがて誕生してゆくように思えるのです。私たちは上陸してゆく、つまり、出産というのは、羊水から顔を出し、へその緒を切って、陸上へ出発してゆく瞬間なのではないでしょうか。

しかしながら赤ん坊は人間としても完成しておらず、未熟な半人前の状態です。早く生まれすぎているのは、体があまりに大きく成長してしまっては子宮のなかにおさまりきらないし、頭部が大きくなって産道を通過できなくなるからでしょう。つまり、ほんとうは言葉が喋れたり、自分で食べ物を取りに行けたりできる状態になるまで、母親のお腹のなかにいるほうがいいのでしょうが、アドルフ・ポルトマンが言うように、生理的に早産の状態で生まれるための未熟さから、いつも人の援助を受けねばならないという、私たちの苦労がはじまるのです。

赤ん坊は自分では喋れないので、人に喋ってもらわなくてはならない。自分の欲しいものを人に理解してもらわなくてはならない。エネルギーを摂るには何を食べたらいいのか、それを理解し獲得する能力もないので、お母さんに食べ物を、お父さんには安全を与えてもらわないと生き延びてはいけない。そうすると、どうしても親の献身的な援助が必要になり、誰かに助けてもらわなくてはならない。「半人前」がゆえの無力です。

このように生まれたての私たちというのは、子宮外の胎児として、頭は大きくても、首から下の体は未熟です。それで必要なものを取りに行けるようになるまで、また言葉が喋れるようになるまでの一年か一年半の間、半分は何かに依存しながら少しずつ自立していく。つまり、誕生という出発のあとで、もう一度依存状態から出発し直さなくてはならない、それが青年期の再出発となるのでしょう。

大人になっても、風呂好きの私たちはあの水中に戻りたくなって、ある人は温泉につかりたくなるのです。あるいは私のように水泳やカヌーで、スキューバで、厳密には水の中には戻れなくても、その途中くらいまでなら戻れるのです。

9 『帰って来たヨッパライ』（1967）

ヨッパライの人生の台本

前田重治

大阪のフェスティバルホールで開かれた、北山さんの「ザ・還暦」コンサートに、神戸の弟夫婦と招待されました。中之島の巨大なビルの一角にある会場です。

二階へと上がってみると、若い人やら年配の人やらの長い行列で混雑しています。ファン層がひろいようです。赤い二七〇〇席の広いホールの二階の招待席に案内されました。そこには神戸からお母さんや妹さん、それに東京から奥さんも来ておられて、久しぶりのご挨拶を交わしました。

オペラグラスであちこちの観客を見回してみますが、見知った顔はありません。客席のなかには、早々に記念の赤いTシャツを着こんでいる若いファンの姿が見えます。義妹《いもうと》も、その記念の限定品らしい赤いTシャツを買っていました。

まず最初に、ギターをもって現れた北山さんは、白いシャツの胸元から赤いスカーフ、還暦の標《しるし》でしょう。そして「ヒューマン・ズー」のバンドの軽快な調子に乗って、体をそらしたり、ねじったり、跳び上がったりしながら華々しく歌っていました。

ところがオーケストラがひかえた第二部になると、燕尾服姿に一転して、神妙にかしこまって出てきて、その落差が愉快です。

休憩をはさんで、三時間以上にわたるコンサートでしたが、彼はその前に会ったとき、「どんな会だったかと問われても、一口には答えられないように作りましたよ」と語

『帰って来たヨッパライ』

作詞＝松山 猛・北山 修　作曲＝加藤和彦

おらは死んじまっただ
おらは死んじまっただ
おらは死んじまっただ
天国に行っただ

長い階段を 雲の階段を
おらは登っただ ふらふらと
おらはよたよたと 登り続けただ
やっと天国の門についただ

天国よいとこ一度はおいで
酒はうまいし ねえちゃんはきれいだ

おらが死んだのは
酔っ払い運転で（効果音）

おらは死んじまっただ
おらは死んじまっただ
おらは死んじまっただ
天国に行っただ

だけど天国にゃ こわい神様が
酒を取り上げて いつもどなるんだ

（セリフ）
「なーおまえ、
天国ちゅうとこは
そんなに甘いもんやおまへんにゃ
もっとまじめにやれ」

天国よいとこ一度はおいで
酒はうまいし ねえちゃんはきれいだ

毎日酒を おらは飲みつづけ
神様の事を おらはわすれただ

（セリフ）
「なーおまえ、
まだそんな事ばかりやってんのでっか
ほなら出てゆけ」

そんなわけで おらは追い出され
雲の階段を 降りて行っただ
長い階段をおらは降りただ
ちょっとふみはずして（効果音）

おらの目がさめた 畑のど真ん中
おらは生きかえっただ
おらは生きかえっただ（効果音）

っていました。まさしくあれこれと多彩な趣向がこらされていたので、プログラムをそのまま紹介します。

祝祭歌　　お囃子「ヒューマン・ズー　プラス　ワン」（五名）
　独楽　　きたやまおさむ
　祝祭歌参上　杉田二郎
交響講義、並びに奉納歌
　朗読　きたやまおさむ
　作曲　加藤和彦
　歌唱　坂崎幸之助
　演奏　兵庫芸術文化センター管弦楽団（約四〇名）
　指揮　齊藤一郎
　奉納歌主導　加藤和彦
　鎮魂歌　一同

この「交響講義」というのは、加藤和彦による『帰ってきたヨッパライの主題による交響楽的深層心理学試論──（私は2度死ぬ）ハ長調　作品13』という四五分にもわたる交響曲です。プログラムの解説によれば、「危うい人間存在を踏まえた生死の哲学」が音楽で表現されたもので、「臨死を彷彿とさせる失楽園もどきの虚言劇」とされています。そして精神分析の「エディプスの三角」（父と母と自分との三角関係）や、それを「ヨッパライ」と神とねえちゃんとの三角関係に移し替えた図なども載っています。

ここで精神分析についてちょっと解説しますと、人は過去にあるトラウマ（心の傷）をうけると、それを防衛するために、片寄ったり歪んだりした性格や生活態度が身につくようになります。人生早期の母子関係が大切な時期であればあるほど心の傷は大きく、ときにはそこで心の発達が停止してしまうこともあります。そのトラウマの原因の多くは、母親との関係の不自然さによるものであったり、幼少期の父と母と自分との三角関係（エディプス葛藤）であったりすると考えられています。そしてそうした人は、人生で自分は気がつかないままにその片寄りや歪んだ態度や行動を反復するものです。この歌の主人公は、交通事故を起こしたヨッパライという困った人ですが、これは他人事《ひとごと》ではありません。われわれは気がつかないままに、その古いパターンに縛られて、何かトラブルや対人的な困難や悩みなどをくりかえしていることが多いものです。そこに気がつかないでいると、「三つ子の魂、百まで」をくりかえすことにもなります。

そこで精神分析では「自由連想法」を通して、人が無意識のうちにくりかえしている、困った問題の深層（真相）を突き止めて、話し合って、本人にそのことを気づかせようとします。北山さんは、そのことを「人生物語を読みとり、語り直す」とか「人生の脚本を書き直させる」と述べています。ここでのヨッパライは、神様から追い返されただけなので、また同じような事故を起こすかもしれません。

さて、その舞台でのオーケストラの荘重な旋律《しらべ》は、ヨッパライの「死〜そして天国へ」「天国よりの生還」「堕落」——とつづきます。そのそれぞれの楽章の合間に、北山さんの朗読が入ります。そこでは『帰って来たヨッパライ』の歌詞をめぐって自己分析がおこなわれ、自分のこれまでの長い人生が散文詩ふうにしみじみと語りあげられていました。そして人生では、「人間としての苦悩をただ生きるしかない」という苦悩に気がついたことへの安堵へと移ります。ヴァイオリンの流麗な調べにのって、「今度こそ、納得して死んでくれる」ヨッパライの安らぎ、そして「悦楽」へと、朗々と謳い上げられていました。「今ではもう、テープの回転数をあげることなく、普通の声で歌いはじめるのです」。そして最後には、この「ヨッパライ」を、これまで支えてくれた環境《まわり》への深い「感謝」の賛歌が響きわたります。

なかなかの大作でしたが、これはたんなる虚言劇というよりも、ヨッパライにひっかけて、自分の内的な真実が率直に語られていた物語でした。それが音楽に乗せられているところは、虚構なのでしょうが。

また、その前と後の独楽やコーラスの鎮魂歌の部では、三五年前の歌から新曲まで、北山さんの代表作が盛り込まれるという音楽構成もよくできていました。

予定の八時に幕が下りましたが、アンコールを求める声はやまず、それに応えてゲストの三人ともども、トークを交えてつぎつぎに大サービスして、観客を堪能させてくれました。

――二〇〇六（平成一八）年、『春秋雑記』より

めぐる時間

きたやまおさむ

大阪のフェスティバルホールにおける私の還暦コンサートは、加藤和彦のプロデュースで実現したものです。私は祝われるほうで、あの人が祝ってくれるという立場でした。加藤の還暦記念という企画も出たのですが、彼は普通のことは嫌がる人でしたので、内輪だけの食事会になりました。私のほうは、晴れがましいコンサートになりましたが、坂崎幸之助を含む新ザ・フォーク・クルセダーズのつながりがあったからこそできたものです。はしだのりひこは長い闘病で出演できない状態にあり、私はその理由を公言することもで

きず、非常に辛い事態でした。

　最大の目玉は、『帰って来たヨッパライ』をモチーフにした交響詩で、第二部で若い交響楽団に演奏してもらいました。原曲通りの物語を辿り、交通事故で死んだ男が、天国で目覚めるのだけど、そこではしゃぎ過ぎて神様に叱られ、最後は追放されて、地上に帰ってくる話です。その落ちた場所が畑のど真ん中です。交通事故というのが大都会での出来事だとすれば、賑やかな大都会ではない、離れたところに帰って来たのでしょう。天国に行く前の出発地点に戻れないのは、浦島体験に似ています。

　時間というのは、めぐる時間と、すすむ時間とがあるように思います。古今東西、時間というのは何度も何度も同じ時間がめぐってきて、桜が咲いて、それが散って、また一年経って春になると、同じように桜が咲く。しかし正確に言うならば、少し違うのですよね。すすむ時間は刻々と過ぎてゆき、取り返しのつかない時間であり、すべてが戻ってはこない。桜は散る、そしてまた咲くから美しいというけれど、厳密にいうと去年の桜と今年の桜は少しだけ違うのです。人は、一年、一年、齢をとって時間をすすませながら、同時に私たちは同じ時間がめぐってきているように体験している。

　つまり、時間体験の図式には二つあり、取り返しのつかないまっすぐな時間と、めぐりめぐって循環しているように体験される時間があります。私たちは、直線的時間と円環的時間、その両方を経験できる。こうして喋っていても、「もう一時間半も経ったのか」という、取り戻せない時間と、また同じようなことをくりかえし喋っているという両方の時間体験がありますね。この両方の関係は、同時にありながら、統合されていないのですから、時間が二つあるとしか言えない。あえて統合した言い方をするとすれば、それは螺旋《らせん》階段のように進んでゆく、とでも言うのでしょうか。これは客観的に観察しにくいものですが、グルグル回りながら、先へ先へと真っすぐに進んでゆくのです。

私自身がいつも体験しているのは、毎日同じように、寝て起きてをくりかえしていて、ふと気がついたら一ヵ月経っていたというものです。遊んでいるときもそうで、何かに熱中していて、ふと我に返ると一日が終わっていたということもあります。私など同じ歌を一〇回ぐらい聴いて、時間を忘れて面白がっていると、ふと気がつくと一時間くらいすぐに経っている。めぐりくる時間体験があって、気がついたら直線的な時間体験がつづくのです。嫌なことに悩む場合も同様で、似たような問題にくよくよしていると、逆になかなか直線的時間が経過しないことに気がつく。

人生は、この両方のくりかえしで、片方だけとなると、おかしくなるのです。例えば、同じことが毎日くりかえされていても、それが少し違っていることに気がつかない患者さんもいます。ほんとうは違う毎日なのに、何を体験しても同じ時間のように感じてしまう。誰に会っても同じ人に見え、同じ反応をしてしまう。またそれとは逆に、違うことをやっているつもりでも、それが同じパターンであることがわからない人もいます。

その点からみて、精神分析の治療構造はよくできていて、毎日、毎日、あるいは毎週、毎週、同じような面談をくりかえして、気がついたら数年経っていた、というような体験が準備されているのですが、これは人生の縮図でしょう。取り返しのつかない時間が何年も経っていたことに直面し、直線的時間経過の痛みを突然味わわされることがあります。この直線的な時間と、めぐりくる循環的な時間の両方をともに味わうことで、人生そのものを体験し直すというのが、長期精神療法です。期間を限定した短期精神療法とくらべて、いつ終わるかがわからないままはじめるというのは、精神分析的療法の一番重要な特徴だと思います。

このさらなる縮図が『帰って来たヨッパライ』のなかで描かれていたと思うのです。ヨッパライたちは天国と地獄（現実）の間を行き来していて、人びとは事故を起こして天国へ行くことを今日もくりかえしているのではないか、と私は思うのです。死んで生き返って、また気がついたら死んでいるという話——生きていることと、死んでいることとの間に階段があり、行ったり来たりしていることを歌ったというのは、日本の歌謡史では珍しいことでしょう。そして、その行き来がまるで電源が切れたようにパチッと終わるのです。

10『コンドルは飛んでゆく』（2006）

共演　前田重治

北山さんの主催で、「日本語臨床研究会」が九州大学の医学部百年講堂で開かれました。そこでの特別講演「昔話と臨床」に、文化庁長官の河合隼雄《かわいはやお》さんがやって来ましたが、私とは四〇年来の友人ということで、その司会役がまわってきました。

彼は一時間も前に会場にやって来ました。久しぶりで懐かしく、控え室でむかしの思い出話は尽きませんでした。彼は「今はロボットみたいに、ハンコばかりおしていますよ」と笑っていました。

やがて時間がきたので、席を立とうとしたら、彼は大きなカバンのなかをゴソゴソやっています。

「どうしました？」

『コンドルは飛んでゆく』
EL CONDOR PASA
Words by Paul Simon　Music by Daniel Alomia Robles
Arranged by Jorge Milchberg
日本語訳詞＝北山 修

神々の住んでいる 山のふもと 大空に向け 飛び立つ
一羽の大鳥が 私を眺めて 笑ってる フーフフフ
飛べよ翼広げて 人間もまた
空から眺めれば その目を見開き 嘆くだろう
アーアーと アーア

「いや、楽譜がね――。講演の原稿はなくてもいいが、楽譜だけは無いとね――」

と笑いながらも、真剣でした。じつは研究会のあとの懇親会で、そのアトラクションとして彼のご自慢のフルートを吹くことになっていて、その楽譜です。やっとのことで、数枚の楽譜が出てくると、「これでよし！」と、勇んで立ちあがりました。

パーティーのあとの余興ということで、隣の四〇〇席ぐらいのホールに移っての「ミニコンサート」です。ロビーには、これに参加する一般の人たちが、長い列をつくって待っていました。これは北山さんが、福岡ではじめて歌うという前評判が高かったからでしょう。ホールは超満員で、立ち見もでていました。

はじめは河合さんのフルート演奏二曲。そして、きたやまおさむ還暦バンド（ヒューマン・ズー）にのって、北山さんのヴォーカルと、河合さんのフルートとの合同演奏《コラボレーション》で『コンドルは飛んでゆく』。この曲は、北山さんが歌詞を訳したそうで、〈神々の住んでいる 山のふもと 大空に向け 飛び立つ／一羽の大鳥が 私を眺めて 笑ってる〉という、ラテン系の調子の好い曲です。〈飛べよ翼広げて 人間もまた／空から眺めれば その目を見開き 嘆くだろう〉——。

二人の熱演で、なかなか迫力ある演奏でした。演奏を終えて、隣の席にもどってきた河合さんに、

「ご苦労さん、うまくなりましたね。乗ってたじゃないですか！」と言うと、

「いやぁ、プロのバンドをバックにして吹くのははじめてでね。緊張しましたよ」

と笑いながらも、ご満悦の様子でした。

そのあとの舞台で北山さんが熱唱しているのを、河合さんは手を叩いたり、足で調子をとったりしながら聴いていました。音楽をやる人はリズムを聴くと、つい体が動くのでしょう。そして、ときどきふり向きながら、「面白いですな」と乗っていました。

「やはり、彼はプロですね。——彼の才能はすごいな！」

「今夜は、とくに力が入っているようですよ」

次の日に北山さんと会ったら、「はじめからあまりとばしすぎて、舞台でクラクラッとしましたよ」と笑っていました。


——二〇〇六（平成一八）年、『春秋雑記』より

異国の歌は流れる

きたやまおさむ

若いころの外国体験で重要だったこととは、精神分析に出会ったこととともに、外国で外国人と外国語で精神分析的な臨床をおこなったことでしょう。その体験については、二〇一七年に『内なる外国人』（編著、みすず書房）という本を出しました。フロイトは、私たちは「外国のような無意識」をもっていると言っていますが、私の本では、私たちはいつも心の奥で外国語を喋っていることを描いています。というのは、私たちはこの国に適応するために日本語を喋るようになり、無意識にあるもう一つの言語は、私たちにとって外国語のようになっているのです。そして抑圧されて無意識となっているものとは、その外国語のように喋るしかないと考えています。

私は英語で喋るのが好きですが——流暢に喋れるほど上手でもないのですが、自分の無

意識にあるものは、英語のほうが喋りやすいのです。それで英語を喋っているときの私は、日本人にはいつもとは違った人物に見られるかもしれません。英語のほうが、はっきりしたことが言えるし、大胆な発想も喋りやすいものです。私は精神分析を英語で受けたわけですが、そこでは自分の内にある外国語を喋るしかないわけで、そのほうが分析の場では心を表現しやすかったのでしょう。

おそらく、「旅の恥はかきすて」といった言葉もあるように、旅に出ると違った人間になることを、昔の日本人は知っていたのでしょうね。外国というのは、なにしろ人里離れた山の向こうであり、見えない異国は自分のなかの外国人を投影して考えるしかないというのが、最初の外国体験というものでしょう。化け物が住んでいるかもしれないとすれば、異国に出ると、自分も化け物になるというわけです。

ロンドン以外では、外国といえば、中南米での体験があります。チリには、エリザベス・ビアンケーディという日本に好意を持っている女性の分析家がおられました。彼女が我が国でよく知られるようになったのは、国際精神分析学会で、日本で広くおこなわれている週に一回の精神分析的治療では、頻度が少なすぎることが問題になったときのことです。週に四回の頻度で会うのが国際基準なので、そのギャップが大きく取り上げられました。日本人の考えは曖昧だ、どんな指導をしているのか調べようという話も出て、国際精神分析学会の一部から追及されたのです。そのとき、日本人ともっと交流し相互理解を深めようという意見を述べた親日派分析家の一人に、ビアンケーディさんがいました。

その頻度の問題が生じる前の話になりますが、今では懐かしく思い出す彼女との交流があります。一九九五年ごろ私がはじめてブエノスアイレスに行ったのが、私の国際精神分析学会での初登場《デビュー》で、フロイトの症例「鼠男」について話しました。そして当時は海外から参加した分析家を、自宅に招いてもてなすという習慣があったので、夜、私はビアンケーディ宅に招かれました。

アルゼンチンの人たちは音楽が好きですから、その夜のパーティーではミュージシャンを呼んで演奏させたのです。南米ですから、南米フォーク系の歌手が呼ばれていました。ビアンケーディさんは、私がミュージシャンとはまったく知らなかったのですが、そこで私も参加して大合唱となった歌が、『コンドルは飛んでゆく』でした。

南米には温厚な先住民たちがいて、そこにやって来たスペインやポルトガルの植民地支配で残酷な搾取がおこなわれた歴史があるわけですが、その文化交流では原地発で広まった音楽がなかなか象徴的なのです。そうした悲しい背景を持つ歌のなかで、『コンドルは飛んでゆく』も、サイモン&ガーファンクルが歌い、世界的にヒットしました。

後日、たまたまですがユング派の河合隼雄先生が、日本語臨床という私の主催していた研究会にやって来てくれた折に、お願いし、合同演奏《コラボレーション》が実現しました。河合先生がフルートを吹かれるので、それをバックに私は自分でこの名曲を訳詞したものを歌いました。この出来事はフロイト派精神分析に属する私の、国内におけるユング派という異文化との出会いだったと言えるかもしれません。

音楽は、国境を越えます。先のビアンケーディ宅の場合も、そのパーティーでは、私は地元の歌手といっしょにほとんどの歌を歌えました。私はフォークルをやめた直後ではありませんでしたが、まだその熱い想いを引きずっていた時期でもありました。曲名を挙げると『ラ・バンバ』『グァンタナメラ』……若いときにおぼえた歌というのは歌えるのです。フォークル結成の目的の一つに、世界中の民謡を歌うという思いがあり、それで世界が一つになるという幻想がありました。

私たちの心のなかに流れる外国語とは、じつは一つの歌なのかもしれない。無意識は個人にとってもう一つの言語なのだけど、これは歌いさえすれば世界中の人が同じ外国語を喋るのかもしれない。だから、私たちも、欧米、南米の人たちも、精神分析と音楽が好きなのでしょう。皆が外国の曲でしか表現できない悲しみとか、抑圧された者の想いなどが、いつも、どこか遠くからやって来たフォークソングには込められているのです。

人は音楽に乗せて、自分の想いを遠くに投影させます。原曲はペルーの作曲家がアンデスの民俗音楽に影響を受けて作りました。私の訳詞では思いを鳥に託しており、自分のなかにいる外国人が鳥となって言葉を話すのです。そういう回路があるからこそ、私は昔からフォークソングが好きだったし、同じく共通言語を求めて精神分析に出会うべくして出会ったのです。この歌では飛びたいという思いが歌われていますが、同時に人間が大地に縛られていることも歌う。この葛藤を歌っているだけでも、少しは私たちの体が軽くなって、治療になるということです。

11『旅人の時代』(1976)

旅人の孤独　前田重治

今年（二〇〇八年）は、東京のほうが福岡よりも桜の開花が早かったようで、上京してみると、雪谷の娘の家の前の路面には、桜の花びらが一面に広がっていました。すぐ先の小

『旅人の時代』
作詞＝北山 修　作曲＝加藤和彦

通りすぎて行く人は 帰って来ないはずの人
笑いかけて行く人は 明日は消えて行く人
言葉の中に意味はないけど
話しかけてほしいのは 旅人だけじゃないのさ

今日も空は晴れてるね（そうだね）
でも風が少し冷たいな（そうだね）
鳥がほら飛んで行く　（そうだね）
誰かに会いたいな　　（そうだね）

レモン・ジュースのグラスは空っぽになってしまった
見上げるビルの街は 人のいない国だね
言葉の中に意味はないけど
話しかけてほしいのは 旅人だけじゃないのさ

今日は朝から雨だよ　（そうだね）
お部屋の花が美しいね（そうだね）
何処へ行こうかな　　（そうだね）
まだ死にたくないな　（そうだね）
帰ろうかな　　　　　（そうだね）
帰ろうかな　　　　　（そうだね）

帰ろうかな

学校から風に乗ってきたものです。

その夜には、北山さんから「『あの素晴らしい愛』について」というコンサートに招待されていました。娘に連れられて、大井町の「きゅりあん大ホール」に行くと、何人かの学会仲間の女性たちの顔も見えています。

広い舞台で、青木《あおき》まり子《こ》さんが、彼の歌の数々をたっぷりと豊かに歌いあげていました。以前に、南青山の北山さんの研究所での会合《ミーティング》のあと、薄暗いなかを彼に連れられて、数人で六本木の酒場に行ったことがあります。「いい歌手がいるから、ぜひ聴かせたいので」というのです。その歌手が青木さんでした。彼女は、北山さんの歌を得意としているそうで、ビールなど飲みながらその数曲を聴きましたが、そのギターの弾き語りには、かなり年季が入っている味がありました。私も、フォークソングにだいぶ馴染んできたようです。

酒場とは違うこんな大会場で、彼女はうまく乗れるのかな、とすこし気になっていたのですが、なんとも堂々と歌っていました。舞台の照明で、青いドレスの姿がくっきりと美しく浮かび上がっていました。
四、五人のバックバンドを背にして、『恋したら』、『花のように』、そして『イムジン河』や『あの素晴しい愛をもう一度』など、いつも聴き慣れている歌も、女性の声で聴くと一味違ったムードで伝わってきます。
はじめて聴いた曲で、『旅人の時代』〈通りすぎて行く人は 帰って来ないはずの人／笑いかけて行く人は 明日は消えて行く人〉が、好いなと思いました。旅人の孤独が歌われ

たものです。〈何処へ行こうかな〉と迷っています。〈帰ろうかな〉と呟いたりしていま
す。そうした想いに応えるように、遠くの方から静かに「そうだね〜」「そうだね〜」と
いう蔭の声が聞こえてくるのが印象的でした。

北山さんは旅が好きなようで、歌にもよく出てきます。旅というのは、その土地ではじめて目にする風物が刺激的ですし、とくに一人旅では、旅愁という非日常的な体験もできます。そこで身にしみる孤独感という気分は、なかなか味わい深いものです。私も若いころ、はじめてパリを訪れたとき、夕焼け空に尖塔が映えていた街角のカフェのテーブルで、雑踏を行き交うさまざまな男女や子どもの姿を眺めていたことを思い出します。人通りの脇で、まるで映画のように、キスしていた男女を見たのははじめてでした。日が傾いてたそがれてくるなかに、一人ぼっちで座っていて、しみじみと自分の来《こ》し方行く末を味わったことなども思い出したものです。

じつは、前に北山さんから、「最後のアンコールでは、ちょっと変わった出方をしますよ」と聞いていました。歌が終わってしまうと、ほの暗く青味を帯びた空白の舞台――しばらく間があいています。そこに、下手《しもて》から北山さんがすっきりと立ち現れます。間を持たせておいての、うまい登場ぶりです。

そして、「愛とは何か」と語りはじめます。彼の語り芸は、絶品です。それも長からず

短からず、観客を酔わせるコツを心得ています。そして最後に、「もう一度、そばの人との愛について考えて、今夜は横の人とのつながりをお持ち帰りください」と結んでいた。なかなか後味のいい演出でした。

近くの席にみえていた彼の奥さんと、久しぶりのご挨拶を交わしてから別れました。

「とてもエレガントな会でしたね」。

花冷えする暗い夜道で、娘は新品の春物のマフラーを、私の襟元に念入りに巻きつけてくれました。

――二〇〇九（平成二一）年、『文がたみ』より

頭打ちとバックビート

きたやまおさむ

『旅人の時代』を加藤和彦とロンドンで作ったとき、私はモーズレイ病院に留学していましたが、彼は公演や買い物というか物見遊山で、しょっちゅうロンドンへ来ていたのです。ある日、私の『12枚の絵』というアルバムのレコーディングに立ち会ってくれ、収録されている本作で、彼自身が〈そうだね〉〈そうだね〉という追っかけのリフレイン部分を歌うのです。

友人でシンガーの青木まり子も、『初恋の丘』とともに、この『旅人の時代』〈通りすぎ

て行く人は　帰って来ないはずの人／笑いかけて行く人は　明日は消えて行く人〉が好きです。大人受けするこの歌には、シュールな面があるからでしょう。その非現実的なところがいいのかな——私の歌は俗っぽいし、子どもっぽくもありますが、この曲には、同時に大人っぽくもあり、倦怠《アンニュイ》というか、退屈という感じになるところで「もう一人」が歌う——最後のあたりの〈そうだね〉のところで、加藤ともう一人いたギタリストの石川鷹彦《いしかわたかひこ》の声が聞こえます。私に言わせれば、かなり音楽的にレベルの高い構成で、これを維持してくれたのは、やはり加藤和彦です。彼らのギター演奏も、ぜひ楽しんでもらいたいものです。

この考察では、リズムについて注目してもらいたいのですが、『旅人の時代』ではずっとウンチャッ、ウンチャッ、と軽くバックビートが入ります。リズムには二種類あって、日本の音楽のリズムは、多くがドンチャ、ドンチャと一拍目を打つ「頭打ち」です。『津軽海峡・冬景色』など歌謡曲では、頭が打たれているのです。日本人は一拍目打ちが好きなのですが、逆に外国ではバックビートが入ることが多いのです。太鼓奏者の林《はやし》英哲《えいてつ》の説明では、見得を切る歌舞伎役者の「踏みしめ」と同様の意味があるだろうということですが、昔は日本人にこのバックビートは身に付かないだろうと言われていました。バックビートが使いこなせる人は、西洋音楽に馴染んでいるというわけですが、例えば、『上を向いて歩こう』がバックビートです。しゃれた感じを受けられたときは、たいていがバックビートです。

なぜ日本人は頭打ちが好きで、西洋人はバックなのかは、二〇一八年の国際学会の後夜祭で講演しました。バックビートの基本構造は一拍目と二拍目の対話であり、この歌では加藤が私の相手になりバックで〈そうだね〉と歌っていて、その内容も対話的になったのですね。音楽でしばしば用いられる手法で、フロントとバックの「掛け合い」です。しかし、これは日本でも、「それから、どした」とか、昔からあった形式でしょう。

そうした対《つい》になった構造では、もちろん追っかける方も重要な役割を果たします。音楽では、主旋律の後ろに置かれるのですが、私の歌のあとを等距離で、ずっと加藤の声が追っかけてくるのですね。青木まり子の舞台では、私が陰マイクでこの「追っかけ」をやっていました。リズムはAに対して、アンチAではなくて、AをフォローするのですA。パレードなどで、後ろをずっとついてきてくれる確実なリズムの「追っかけ」により得られる、細やかなフォローの「一人ではない」という感覚こそ、じつはバックビートの持つ魅力だと思うのです。

そう考えながら曲を聴いてみてください。すると、本作のリズムは、じつは頭の一拍目も後ろの二拍目も区別なく、四拍子全部打っています！　つまりどっちでもいいのであり、こうしたお任せ気分こそ心理的な「良い加減」の基礎を作るでしょう。本書の重大テーマなので、最後にまた触れます。

12『何のために』（1968）

人生への問いかけ

前田重治

秋の夜、FM放送で北山さんのディスクジョッキーを聴きました。「死」をめぐるという主題で、二時間の長丁場でした。いつもの坂崎幸之助さんを相手にして、『夕鶴』のつう、『古事記』の黄泉《よみ》の国、映画『殯《もがり》の森』の話や、臨死体験、鬱病と自殺、戦争と死などについて、語りに語っていました。

そして話の合間に、『何のために』〈風にふるえるオリーブの花／白い壁の教会で／ゆれてかたむく十字架のもと／一人の男が　たおれてた〉が流されます。これは彼の曲のなかでも、とくに私が気に入っている歌の一つです。

人は何のために生きているのか、考えると難しい問題です。ここでは、一人の男が歯を食いしばって生きてきて、やがて死んでゆくという悲壮感あふれるドラマ仕立ての歌詞となっています。その舞台の背景には、割れたステンドグラスとか、戦火に焼けたマリアの像が見えるので、戦場なのでしょう。そこで主人公は、何のために、何を信じて戦って、傷つき、死んでゆくのか、と問いかけられているので、これは反戦歌なのかな、と思っていると、その先に「年老いて」という言葉も見えます。そこで、これは人生という戦

『何のために』
作詞＝北山 修　作曲＝端田宣彦

風にふるえるオリーブの花
白い壁の教会で
ゆれてかたむく十字架のもと
一人の男が たおれてた

何のために 何を夢みて
歯を食いしばり 働いて死ぬのか

ゆれてかたむく十字架のもと
一人の男が たおれてた

われてくだけた ステンドグラス
もれる光が 目にしみる
戦火にやけた マリアの像に
母の姿を 思い出す

何のために 何を信じて
歯を食いしばり 戦って死ぬのか

戦火にやけた マリアの像に
母の姿を 思い出す

何のために 何を求めて
傷つきつかれ 年老いて死ぬのか

よごれた顔に ほほえみうかべ
男はやがて 息絶えた

いを生きている私たちへの問いかけだと気がつきます。そのもの静かで哀愁味のあるメロディも、人生の、そして死の虚しさを漂わせています。

これは、人生への問いかけの歌なのでしょう。

精神分析は、その人を幸福に導くための方法を教えたりはしません。それまで自分で気づかないでいた、いつの間にか自分を窮屈に縛ってきていた幻の鎖――無意識的な不満、憎しみ、恨み、怒り、恥、劣等感、罪悪感、不信感、その他の不安や怖れなどの、錯覚といってもいいものに縛られてたじろいだり、悩んだりしている人を、できるだけ現実を直視できるように援助するものです。これは神経症に悩んでいる人に限ったものではありません。世の中には、自分で気がつかない葛藤に縛られて、強迫的な窮屈な生き方をしている人は少なくないようです。そのために自分が本来もっているはずの可能性を発揮できないでいます。そこから自分でもっと自由に、自分らしく生きてゆけるようになる地点まで連れてゆくのが精神分析です。たとえ厳しくても、自分のおかれている現実を、そのまま現実として直視することができるようになると、その人なりに何か、自分にできる現実に即した適応的な豊かな生き方を模索するようになるものでしょう。

といっても、結局、人は死の前には無力です。これは動かし難い現実です。しかし生きているかぎり、今ここに生きているからこそできることや、味わえる楽しみや喜びを味わうしかありません。そこで何を、どうするといいのか、そこに「君たちはいかに生きるか」という今日的な課題も出てきます。精神分析は自分なりの幸福論を探して、自分なりの生き方を求めてゆくための心の自由を援助するものです。

そのほかに番組では、『殯《もがり》の森のワルツ』『涙《なだ》そうそう』『喝采』など、七、八曲ほど、やはり死にまつわる歌曲もかけられていました。

あとで北山さんが、「あんな死の話も、その間に音楽というものが入るからできることなのですね」と言っていました。たしかに深刻で、暗くて、うっとうしいテーマを、音楽というものが浄化して救っていたように思われます。それと同時に、彼の歯切れのいい声で、ユーモアを交えての語りの巧さによって、「死」というものの悲哀感をうまくなごませてくれていたようにも思いました。

——二〇〇九（平成二一）年、『文がたみ』より

父の葛藤と私の「いい加減」　きたやまおさむ

私は少年時代、外交官になりたかった。

二つの言語や文化の間に入って、あちらの言い分、こちらの言い分という二つのことを両立させ、ときにはその間で裏切ってゆくという矛盾を生きることに興味があったの

です。

興味を抱いたのには京都駅前の、寺社に取り囲まれた日本的な場所で、アメリカ軍からチョコレートをもらったり、ジャズを聴いていたりしたという体験——この両立しがたい二つが雑然と入り交じった交流が原点にあったのでしょう。少年のころ、京都駅前で、関西弁で言う「いっちょまえに」米国と交渉していたことに快感もあったのだと思います。外交の重要性は、政治がほとんど外交や交渉事になっている現代では当たり前のことでしょうが、私は文化と文化、心と心の交渉、橋渡しこそ面白いとずっと感じていたのです。

ここで紹介したいのが、唐突に思えるかもしれませんが、遠藤周作《えんどうしゅうさく》の『沈黙』に描かれた、キリスト教をめぐり、二つの価値観の間にある沼地でもがく人間たちの姿です。いつも私のどこかで体験しているものが描写されており、特に脇役の吉次郎（キチジロー）に興味を持ちました。

何度も裏切って、信仰と背教をくりかえしてゆく。信じたら絶対に裏切らないという「あれかこれか」の二分法で考えるのでなく、それが溶け合う沼では裏切りと信仰が優柔不断で交替し、葛藤の解決が「踏み絵」を踏むことで実行されます。

低温度のメルティング・ポットのような、優柔不断の沼の自覚には、私の世界観を決定する原体験があるのです。戦争中に日本人は国家に忠誠を誓い、そういう教育や指導をしてきた人たちこそ敗戦で死ぬのではないかと人びとは案じていました。なのに、アメリカの進駐で国家の方針が変わると、生き残り、別の言葉を喋りはじめた。言《げん》を左右にするというか、人が違った言語を喋るのです。一人の人間が二つの態度をとり二つの言語を喋りはじめることを、非常に驚いて眺めていたという先輩の証言がいっぱいありました。小学校で、墨塗りの教科書が使われるようになった、といった、そういう教育の大変化を目撃した人たちの話です。

二つの文化の間に立った者の生き残りが、全体の進行を決定してゆく。権力をもった者たちはつぎつぎに変わってゆくのですが、間にいる「とりもち役」が、歴史的に重要な役を果たしてゆく。

『沈黙』の悲劇的な主人公は、宣教師と日本政府の間に隠れるキリシタンであり、彼らは風土のなかにキリスト教を取り入れて信仰している。国内はキリシタン弾圧、国外からは宣教、この二つの間で不器用なかたちで一途になったキリシタンの処刑が進行する。他方、二股を掛ける両面的な人物は、残酷で汚い「穴吊り《あなづ》」などの拷問を何とか生き残って物語の展開を主導するわけです。その心性は、そのどちらでもあるような、どちらでもないような状態となり、多くが多神教的になって「いい加減」を生きる。二股を掛けて生きる人たちが、生き残ることに最大の価値を置いて、善悪や内外を揺れながら、明日に命をつないでいっている。ここで継承されている「いい加減」の原理こそ、重要な「日本人の生き方」だと思います。

私は「曖昧な日本人」が生き残るために言を左右にすることに、若干《じゃっかん》、安堵を感じるのだと思います。

時と場所が変わると、言うことが変わる。その矛盾の存在を自分自身にも感じ、今も目撃するのです。国会でもそうですが、書類がなくなったり出てきたり、そして出てきたら肝心なところが抜けているという。その間に入っている官僚、つまり権力に対して仕えている者が、書類を抜いたり出したりしているみたいですが、これは少なくない個人のなかでも起こっていることと思います。とにかく生き残るためには、そうした不連続、つまり不適切な部分の削除、都合の悪い部分の忘却や分裂がおこる。

日本語の「いい加減」がネガティブとポジティブの両方の意味を持つことは何度も取り上げていますが、「適当」もそうです。「およそ」という言葉は、たいていは「だいたい」という意味を思い浮かべるでしょうが、辞書的には「ぞんざい」という意味にもなるのです。「アバウト」という英語ですら、「アバウトな人」ではネガティブになるのです。つまり、この両義性は私たちの心に「どっちでもいい」ところのあることを証言するのでしょう。

そういう「いい加減」な領域を日本語が大量に持っていて、私は、その起源と必要性のひとつを、人間だけではなく、大自然の絶対の「いい加減」さに求めています。つまりこの国では、大地ですら、頼りにならない。大自然の「良い加減」はまことに良いのですが、「いい加減」は恐ろしい。それで、こうした矛盾した二つをつなぐ橋渡しと言う場合は良い意味に響くけれども、橋を作るとき下手をすると、そこに人柱を入れて殺してしまうことも起こりかねない。むかしは、橋のたもとにお化けが出るなどとも言われ、渡されると「間」も「魔」となるのですから。

このような「間」で揺れる「私」のあり方を「アモルファス自我」と呼び、臨床心理学者の鑪幹八郎《たたらみきはちろう》は、『恥と意地――日本人の行動原理』（講談社）でこうとらえます。

「私たちの存在の基盤として揺るがないと考えられる基本的な思想や信条が、わが国の場合、ある程度、曖昧模糊の状態で存在している場合が多い。強固な信念とか価値、信条などが固定せず流動的である。ブランコのように右や左に揺れたり、次々と変容したりする。また個人の生涯の中で、何度も新しいものと置き換えられたりする」

「アモルファス」とは、「無定形の」「不規則な」「組織統一のない」という意味の形容詞であり、生物学では「発達した組織のない」という意味となり、私の言う「心の沼」のことです。この「沼」のような状態で「何のために生きるのか」というと、何のためでしょう。

その答えは、一つの意味にしがみつくのではなく、部分的に液状化して複数の意味の間を揺れ、免震効果を発揮するということでしょう。だから「何のために」と問われても、当然、割り切れる意味なんかなく、言語のなかにこそ、その証拠があり、じつにその在《あ》り処《か》も意味も「アバウト」なのです。あえて言うなら、両立しがたいものを両立させ、揺れるところに価値、すなわち振動を収納するという意義がある。

こうしたことを第三者の目から見ると、動揺しているとか、裏表があるとか、ころころ変わるとかで、好い印象を与えないし、総じて悪く映るでしょう。でも私たちのなかにこの免震装置があって、その価値はサバイバルにあるという、その「いい加減」の良い意味を発見することは重要です。なぜなら、そこにかなりの数の日本人の自己状態が実在するのですから。

こうして「何のために」という歌の、歌いかけた相手として父親がいたのです。彼は内科医で軍医として満州へゆき、結核を発症して本国に送還されました。一生サバイバル・ギルト（戦争などで生き残った者の罪悪感）を深く抱えており、その自己矛盾のために厭世的になって、口癖は「嫌になっちゃった」でした。私は、嫌なら楽しめばいいのにと反発しながら、遊ぶことに伴う葛藤や罪悪感は共有していました。彼は、戦地と本国の間、つまり生死の間を行き来して、敗戦で生き延びた自分が割り切れず、あの沼でもがいていたのだと思います。

あの当時、「モーレツ社員」という言葉も流行《はや》っていましたが、いい加減になれない父はまさにそれで、遊びたいのに遊べず、その一途で律儀な働きぶりのために家族全体を巻き込んでしまうこともありました。酔っ払っている最中に呼び出され、愛想よく往診に行っては、機嫌を悪くして帰って来て、家中が暗くなり、震えました。

彼は私の反面教師でした。この歌は、何のために生きているのか、と、心の中で父親を問い詰めていました。私にも父の血が流れていますが、結局は、二律背反に圧倒されていた彼についての、日本人としての二面性の精神分析が一生の仕事になりました。とはいっても父は、私たちのレコード制作のために出資金の一部を出してくれました。私に対して無意識のうちに「お前は遊べ、俺の代わりに遊んでくれ」という気があったのではないかと思うのです。

13『積木』（1975）

夢という積木

前田重治

北山さんは、自選歌詞集『百歌撰』（ヤマハミュージックメディア、二〇〇八〈平成二〇〉年）のなかで、「どれを自分の代表作にするかと訊かれたら、僕はこの『積木』のレベルが高いんじゃないかな」「杉田二郎のメロディーも秀逸ですし、またそれを歌い上げた杉田二郎の声も一番だったんじゃないか」と述べられています。作詞家のなかにし礼《れい》も、これをほめてくれたそうです。

それで、いつかその『積木』を聴きたいなと言っていたら、すぐに杉田二郎のアルバム『題名のない愛の唄』を送ってくれました。その歌詞カードには、まだ長髪だった時代の写真がたくさん載っています。表題曲のほかに、『マイ・カントリー』、『真夜中に』と

『積木』
作詞＝北山 修　作曲＝杉田二郎

小さな積木をつみあげるように
僕達二人は生きてきた
僕が何度もこわしてみても
つみあげてくれた君よ
若い夢は春にうかんだ
シャボン玉のようなもの

ああああ 僕の胸をかきむしるのさ
たいくつな会話が
ナイフのような言葉のかけら
やさしい君を冷たく傷つけた

あじさい色の空の下でも
身を切るような風が吹く
きまり文句でなぐさめあって
あたたかさを求めていた

本当の事に目を向けるより
うなずくだけでよかったのに
つかれるだけの議論のすえに
積木の城はくずれた

とめたつもりの古い時計は
動きつづけていたのさ

ああああ 僕の胸をかきむしるのさ
たいくつな会話が
ナイフのような言葉のかけら
やさしい君を冷たく傷つけた

君の乗りこむ最終列車
プラットホームにすべりこむ
言葉はいらない わかってるから
旅立ちのときだから

想い出のにじむその夜の街は
仮面をつけた人々の
子供じみた笑い声さえも
僕にふさわしいのかな
なにかあればすぐに手紙を
いつも待っているからさ

ああああ 僕の胸をかきむしるのさ
たいくつな会話が
ナイフのような言葉のかけら
やさしい君を冷たく傷つけた

小さな積木をつみあげるように
僕達二人は生きてきた
僕が何度もこわしてみても
つみあげてくれた君よ

か、『夢うた』など、あまり聴いたこともない歌も収録されていました。

この『積木』〈小さな積木をつみあげるように／僕達二人は生きてきた〉は、かなり長い歌です。二人で夢という積木を積み上げてきたが、僕は幾度となくそれを壊してきた。それを、君はいつも積み上げてくれたという歌です。これまで夢を壊したのは、時代や権力のせいだなどとも訴えてきたが、壊してきたのは、じつは自分たち自身ではなかったのか、というのが主題のようです。

その曲は、途中で、急に曲のトーンが変わったりしていて、歌うのはかなりむずかしそうな歌で、杉田二郎しか歌えない歌なのかもしれません。

はじめは「僕達二人は」というので、杉田二郎との関係なのかな、と思ったりしましたが、先のほうでは「やさしい君」という呼びかけにもなっています。それで女性かな、という気もしたのですが、これはやはり北山流に特定の誰かではなくて、彼の「愛」の対象にみられるように、彼と結びつきのあったすべての他者に対する呼びかけだったのでしょう。

そこには、何度壊しても、ふたたび積み上げてくれた多くの人びとに感謝したいという心情が含まれているようです。たしかに、われわれは気がつかないままに、誰かに攻撃性を向けたり、何かを傷つけたりしているのかもしれません。

壊す、傷つける

きたやまおさむ

杉田二郎から、なかにし礼さんが本作を褒めてくれたと聞き、大きな自信にもなりました。魅力的な歌が、わかりやすいのに多面的で多義的なのは、聴く人がさまざまな心を投影して聴くものだからです。『積木』は私にとっては男女関係の歌ですが、個人によっては、親子関係や同性愛的な関係として聴くかもしれません。〈ナイフのような言葉のかけら／やさしい君を冷たく傷つけた〉そして、積木の城はくずされるけど〈何度もこわしてみても／つみあげてくれた君よ〉ですから。

本作では、主に攻撃性が歌われているのです。死を歌い、セクシュアリティを歌い、愛の美しさや崩壊を歌っているのに、攻撃性を歌った歌は少ないと言えます。私を含めて歌謡曲やポップスは、攻撃性を歌うのが苦手なのですが、考えてみれば攻撃的な歌が、文化的に許容され流行るわけがありません。広く見渡せば、攻撃性の歌といえば、攻撃の士気を高めるための軍歌を含めて、戦争の歌が真っ先にあがるでしょうが、私は罪悪感が強い人間でしたから、勝って、勝って、吠えるというような歌は作れなかったものです。

だから、やり場のない攻撃性についての、この気づきは私の受けた精神分析の成果なのかもしれません。杉田二郎がロンドンにやって来たとき、私は精神分析を受けていました。分析家からいろいろと心の深層について解釈を受けていました。「それはお前の勘繰《かんぐ》りだ」、人に怒られるのが怖いとか、羨ましがられるのが怖いとか、出る杭は打たれるとか言っているが、「それはお前の罪悪感からだ」というような理解を示されていたのです。

「鶴の恩返し」をベースにした木下順二《きのしたじゅんじ》の戯曲『夕鶴』では、男性主人公《与ひょう》は鶴女房《つう》にお世話になり、反物《たんもの》を織ってもらっているのに、同時にその相手を傷つけていますが、その二面性について気づくことは禁止され、秘密になっています。これは自然破壊についても言えることで、私たちは自然の恵みを受けながらも、いつの間にか自然を傷つけているのです。そこに罪悪感があるとしても、《与ひょう》はそれを嚙みしめないで呆然と見送り、神話のなかのイザナキは、水に流してしまおうとするのでしょう。

私たちは注意しないと、《与ひょう》のように、弱いものを無意識に傷つけてしまうことがあります。無意識に《つう》を殺してしまうこともあります。結局、《与ひょう》は、自分が反物を求めたために傷つけていたのですが、その因果関係を認めていないようです。むしろ、自分が助けてやった鶴だから、お礼に来てくれたのだと納得するのです。私が助けたからということで、傷つけたことを帳消しにしているようです。

そういう私の罪意識から、無意識のうちに母親的女性を傷つけたということ、そして壊れた積木は、もう取り返しはつかないのだ、とこの歌のなかで歌っているのです。取り返しのつかない時の痛みは、「鎮痛剤」としての酒でごまかすしかないのです。

私たちは生きている間、よく大事なものを壊します。そして回復に向けて、希望として償いがありうるとか、また復興するのだ、とか思うのです。ここで一番忘れられやすいのは、「私」が壊しているという事実ですが、考えるなら、積木ほど壊れやすいものはないのです。その脆弱さは、壊してみないと気がつかないことでしょう。

そして、積み上げてくれるのは「君」なのです。私自身が、積み上げるわけではないのですね。やんちゃな私は、フロイトの描いた少年のように、ものを壊す（放り投げる）ことに快感がある。そこで目の前から消えたものが、ふたたび現れるときに喜びがあるように見えるけど、少年には破壊することのほうにこそ心からの喜びがあるのでしょう。

それで、最後は、積み上げてくれる人に対する感謝だけが残る。「私」ではなくて、たえず「他者」が積み上げてくれているのであり、勝手に回復しているのではないのです。そしてこれが、私と女性、そして大自然との関係で反復されているのです。

14『感謝』（2002）

喪失と愛おしさ

前田重治

北山さんが定年で大学を去ることになって、医学部百年講堂で、「さよならコンサート」が開かれました。

私は特別に、昼間にその練習風景も見せてもらいました。NHKが番組として組むというので、朝から大勢のスタッフによって、賑々しく会場が設営されていました。舞台の照明や背景、スモーク、音響の具合などが、細かく確認《チエツク》されています。ゲストで来ていた杉田二郎と坂崎幸之助の二人が、それぞれに自分の曲の音を慎重に調整しながら、歌い直したりしている様子も興味深いものでした。プロは、さすがに音にこだわっています。

歌に参加するという学生たちも来ています。北山さんの新しい歌を披露するという女子学生が、「緊張して、ドキドキします」と、胸をおさえていました。

第一部は、北山さんが大学から依頼されて作ったという、九大伊都《いと》キャンパスのイメージソング『愛《いと》し伊都の国』〈誰かに 似ているかな ふんわり夏の雲／語りかける 迷うこころに 夢を〉の発表会です。これは北山研究室の大学院生の稲永要くんが作曲し編曲したもので、この舞台でも、自分でピアノの伴奏をやっていました。それを歌うのも、背景の数々の写真の演出も、みんな学生たちがやっていましたが、本番の出来ばえは上々で、な

『感謝』
作詞＝きたやまおさむ　作曲＝加藤和彦

長い橋を 渡る時は
あの人は 帰らぬ
流れ星の ふりそそぐ
白い夜の舟で
消える御霊 見送りながら
心からの感謝を

深い川を 越えたならば
わたくしも 戻らぬ
だから今が 大事すぎて
幕が降りるまでは
恨みつらみ 語りつくして
心からの感謝を

恐がらないで 顔を上げて
見守っているから
陽はまた昇る 昨日のことは
振り返らないで
次第次第 うすれる意識
さらば 愛しき者よ

かなか新鮮な好い歌を聴かせてもらいました。

第二部「きたやまおさむを歌う」には、地元の行徳伸彦《ぎょうとくのぶひこ》たちのバックバンドが加わります。そこでは、二人のゲストをふくめて、北山さんの代表曲がつづきます。そのなかで、『感謝』〈長い橋を　渡る時は／あの人は　帰らぬ〉も歌われていました。これは単調な短い歌で、そこには自分の人生で家族をはじめとして、いろいろと出会ってきた人びとへの、心からの感謝が込められていました。

それと同時に、〈消える御霊　見送りながら〉というフレーズにもみられるように、「死」の問題も含まれています。人は死という喪失体験を前にすると、しみじみとした敬虔な気持になります。死を前にすると、老病苦死といわれるこの世の中のすべての苦しみも、なんとなく愛《いと》おしくなってくるもののようです。そしてあらためて自分の人生をふりかえります。そして、感謝して生きるということになるのでしょう。

私は、招待されて来ていた「マダムまき」のママと並んで聴いていました。

二人で常連として、よく通っていた酒場《バー》のママです。ずいぶんいろいろな話をして、遊んだものです。

「もう、ウチには見えなくなるのは、寂しいですね」と、嘆いていたので、「いや、ちょくちょく戻って来ると言ってるから、また行くよ」と言って慰めました。

コンサートの最後には、福岡公演に来ていたという南《みなみ》こうせつが、突然に飛び入りで参加するというサプライズも起きました。その贅沢な顔ぶれで、会場は大いに沸いたものです。

私としても、大学人として北山さんが無事に定年まで勤め上げてくれたことを喜ばしく思いました。しかも数多くの教え子を育て上げ、九大の心理臨床の地盤をさらに盛り上げてくれたことに、こちらからも大いに感謝したいところです。

あとで彼に、「思わぬ飛び入りが出て、NHKも喜んでいたでしょう」と言うと、「こういうのを業界では、〈おいしい映像が撮れた〉と言うのですよ」と笑っていました。

——二〇一一（平成二三）年、『ゆるい暮らし』より

環境の価値　　きたやまおさむ

この『感謝』という歌は、ザ・フォーク・クルセダーズ再結成の二〇〇二年に作ったものです。加藤和彦が猿之助さんといっしょに、軽井沢を根拠地にして公演の準備をしていたときで、作品が生まれたのも軽井沢でした。アルバムのために新曲を作ろうという計画で、加藤和彦からメロディをもらい歌詞をつけていたのですが、珍しいことですが書きな

がら、おいおいと泣いたことを覚えています。

私は涙もろくて、すぐに泣くので、だから「涙」という歌詞が多いのです。分析家仲間のなかには、私をメランコリックと言う人がいますが、「センチメンタル」という形容が好きです。「女々しい」と思われても仕方ありません。

また、歌詞は誰か特定の人に向けて書くことが多いのですが、本作は私に対する私のメッセージです。そこで何を書いているかといえば、生涯を通じて私は環境に恵まれてきたので、それへの私自身の感謝です。いろいろ問題もあったけど、それなりに発達促進的な存在であり、その解決策としての音楽があり、曲がヒットして、その後の渡英もあり、出会った精神分析で当然ながら得をしました。現家族にも、友人にも同僚にも恵まれました。

志があったとしても、抱える環境に恵まれていなかったら、今の自分はあり得なかったと思います。時代が違っていたり、性別が違っていたりしても、こんなふうにはならなかったでしょう。ふりかえって、それなりに欲しいものを与えられて、それなりの時間と空間があり、それらを最大限に活用させてもらえたというのは心からの感謝ですね。

さらに九州大学に来て、いくつか問題もありましたが、二〇年間も無事に教員生活をまっとうできたのも、環境に恵まれていたからです。いろいろな人のおかげです。一時期は、同世代間の競争で疲れきっていたと思いますが、九州では、同世代がこの業界にいなかったことも私に落ち着いて仕事をさせてくれました。いろいろなハラスメント問題に巻き込まれたことを思い出して、こみ上げるのが、めぐり合わせへの感謝の念です。

精神分析のメラニー・クラインの名著『羨望と感謝』(みすず書房)にもあるように、私たちはいろいろな人たちを利用し、搾取し、あるいは踏み台にし、栄養にして生き延びてきたわけです。それを考えたとき、もし好敵手としてのライバルたちがいなかったらと考えるなら、第一に彼らに感謝すべきと思います。

そして何よりも加藤和彦は私にとってライバルだった。

しかし、自死した人たちは、怒りと自責で相変わらず私を攪乱します。それは置いて、時代が戦争だったり、震災だったり、家族にたいへんな病気が発生したり、事故が起きていたりと「万が一」の可能性を考えるなら、自分が得た環境では、稀にみる程度にまで恵まれていて、じつに有り難い(得難い)環境の有りようを、しみじみと思う。

ただし恵まれたということは、裏をかえせば、これを失うのが怖いし、私はこれと別れること、私自身の死による喪失が怖いのです。また、私の「あれとこれと」が「あれもこれも」になりやすいのは、失うことが怖いからです。ですから、私の「喪の仕事」(愛していた対象を失ったときに生じる悲哀を、徐々に離脱してゆく心の働き)という課題は、とても重要ですし、だからこそ、その心のリハーサルのために、私には死に関わる歌が多いのです。

15『港』（1982）

振り返った時にはだれもいない　　前田重治

北山さんは、かねて『港』〈ぼくは港だ 手をふるよ 君は舟に乗る／君の海原は 目の前に ひろがっているよ〉が好きだと言っていました。子どものころから海が好きだったそうです。たしかに港には、出船入船の甘い物語《ロマン》があります。しかしこの歌には、そんなロマンはなくて、ここでお別れするが、こんど振り返った時にはだれもいないよ、さようなら、さようならという、つれない別れの歌です。

ここでは、「愛をもう一度」とは歌われていません。二人とも、じっと別れという現実を噛みしめながら、お互いに自分の人生をそれぞれに生きてゆくことに向き合うだけです。「会うは、別れのはじまり」という現実を直視した歌でしょう。

私は、港町の長崎で育ちました。家が出島の近くでしたし、少年時代には友だちと、その大きな岸壁の広場に遊びに行ったものです。その岸壁からは、週に二度、上海航路の大きな汽船が出ていましたが、見上げるように高くて黒い「長崎丸」と「上海丸」でした。

銅鑼《どら》が鳴り響くと、船を見送る者と、船上の見送られる者とのあいだに、無数の五色の紙テープが投げ交わされます。「蛍の光」が荘重に流れてきて、長く引き渡された幾百本ものテープが、風に大きく華やかにふくらんで、さんざめきます。やがて、ゆるや

『港』
作詞＝きたやまおさむ　作曲＝坂庭省悟

ぼくは港だ 手をふるよ 君は舟に乗る
君の海原は 目の前に ひろがっているよ

ずいぶん遠くまで来たけれど ここでお別れ
さようなら ラララララ
さようなら ラララ

君はひとりだ 生きてゆけるか 涙を見せずに
今度振り返った時は だれもいない だれもいないよ

困っていても君の呼び声は 聞こえないだろう
さようなら ラララララ
さようなら ラララ
さようなら ラララララ
さようなら ラララ

かに岸を離れてゆくと、テープの一巻が終わります。それにもう一本を手早くつないで伸ばしていたテープも、やがて切れてしまって、風にはかなくなびいていました。

船が、ボーッと汽笛を鳴らしながら遠ざかってゆくと、見送りの人たちも立ち去ってしまいます。そのあとの空虚な岸壁というのは、子どもも心にも侘《わび》しいものでした。切れたテープがあちこちに散らばっているのを、拾い集めて遊んでいました。

やはりその頃、私を可愛がってくれていた叔母が結婚して、上海丸に乗って、旦那とならんで両手のテープを振りながら去って行った思い出もあります。母の一番下の妹で、店で忙しかった母の代わりに、よく可愛がってもらっていました。映画にもよく連れて行ってもらいました。その叔母が、遠い外国へ行ってしまうことに、寂しい思いをしたことを覚えています。

港と別れ——たしかに北山さん好みの歌でしょう。

一期二会はない　きたやまおさむ

私には死や喪失の歌が多く、諦めが悪くて、あの素晴しい愛を〈もう一度〉とくりかえし歌っています。しかしこの『港』では〈だれもいないよ〉と歌っています。もう一度戻ってきても、ここで待っているから、という歌ではありません。振り返っても「風が吹いているだけ」で、実際にはだれもいないのです。「待っていてくれるからね」を強調するのが、よくあるパターンだと思うのですが、逆にそれがいない現実を強調したかったのです。

この歌は小室等《こむろひとし》さんがとても評価してくれました。彼もまた、この歌を歌いながら感涙するのです。〈今度振り返った時は だれもいない〉というところは、子どもに対する親の心境です。それは、いつか私もまたいなくなるという事実です。子どもが自転車に乗りはじめるとき、乗れるようになって振り向くと、後ろを押してくれていた人がいなくなっている。押してくれているという錯覚とともに進んでいただけに、複雑な失望です。だれもいなくなることは人生での真実だと思うのだけど、別れの歌はこの世にゴマンとあっても、「ある」のではなく「ない」を歌にしたものはあまりないようですね。

桜は、散るから美しいと言うけど、これは来年また咲いてくれるから美しいとも言うのです。日本人は、この「散る」というかたちで空中に消えるのが好きなのですが、来年また咲くから美しいというのは錯覚です。そこでは、世代が替わっていますから。来年咲く桜は、今年散る桜ではないのです。

被災地などで、泥沼や瓦礫の下に花が一輪咲いていてくれた、だから春が来たと言ってみんな感動します。たしかにそれはそうなのだけど、それは次の世代による再生なのです。前の世代の同じ花が咲くということはもうないのでしょう。世代交代の喜びと悲しみは涙なしには語れないことなのですが、そこを歌にしたものです。

作曲してくれたのは、若くして故人となった坂庭省悟《さかにわしょうご》ですが、彼を含むこれを歌ってくれた歌い手たちに評価してもらえたことは嬉しいことです。「一期一会」と言い、一期二会はないのです。

16『早く逝こうとする君』（２０１０）

心の浄化

前田重治

飯塚の嘉穂劇場での、「きたやまおさむ・レクチャー＆ミュージック」に招待されました。北山さんが大学を辞めて、福岡を去ることになった冬です。それで教え子の山崎

『早く逝こうとする君』

作詞＝きたやまおさむ　作曲＝行徳伸彦

早く逝こうとする君
振り向いてごらんよ
君に捨てられた者の
涙が止まらない

みんなみんな消えてく
挨拶もないまま
二度と帰らぬ、のニュースは
いつも突然です

目をつむれば聞こえるよ
君の声に包まれて
私はまだまだ生きてます
このいのち

早く逝こうとする君
潔いのでしょうか
私は真似できません
不器用者だから

誰でももう一度と
やり直してみたい
早く逝こうとする君は
取り返しつかない

目をつむれば聞こえるよ
君の声に包まれて
私はまだまだ生きてます
このいのち

閉店前の　お店でお茶でも
楽しみましょうか 時間がくるまで
置き去りにされた僕
許されたラストオーダー
残り物の幸せ 美味しい

目をつむれば聞こえるよ
君の声に包まれて
私はまだまだ生きてます
このいのち

悲しい いのち はかない いのち
悲しい

（篤）くんの新車で、梅本（園乃）さんとドライブをしました。一時間たらずで着きます。ここには熊本の山鹿《やまが》の八千代座とともに、昔の木造の芝居小屋がそのまま残っています。二階建ての正面に飾られている時代ものの大きな絵看板には、地方巡業の旅役者の「全国座長大会」の匂いがします。

楽屋口から入って、管理の人と、この半日ですでに勝手を覚えたらしい北山さんが案内してくれました。筑豊炭鉱が栄えていた当時は、このあたりに五〇軒もの芝居小屋があって、一番大きなここだけが唯一残ったのだそうです。四角に区切られた升席《ますせき》に座布団、まわりの襖《ふすま》や障子、古びた板張りの高い天井。そして座長の楽屋、舞台裏の大道具、太いロープで高く吊りあげられている何枚もの中割幕、奈落へ通じる穴、すりへって古色に光る柱や階段など、さすがに伝統ある芝居小屋です。

奥の資料室には、一九二一（大正一〇）年の三階建ての前身「中座」建築中の大きな写真が飾られています。そのあと一九三一（昭和六）年に、この嘉穂劇場が建ったといいますから、私とほぼ同じ齢です。写真入りのむかしの大きな切符が、壁一面に飾られています。美空《みそら》ひばり、三橋美智也《みはしみちや》、江利《えり》チエミ、力道山《りきどうざん》、鶴田浩二《つるたこうじ》、村田英雄《むらたひでお》、森進一《もりしんいち》、山口《やまぐち》百恵《ももえ》、藤山寛美《ふじやまかんび》、市川猿之助、松本幸四郎《まつもとこうしろう》、中村勘三郎《なかむらかんざぶろう》……。それに、昔なつかしい博《はか》多《た》淡海《たんかい》、天中軒雲月《てんちゅうけんうんげつ》、大江美智子《おおえみちこ》、すわらじ劇園や、戦後まもないころの特出《とくだし》ストリップショーのポスターも。

脇の棚には、埃《ほこり》をかぶった昔の小道具類が雑然とならんでいます。陣笠、旅笠、番傘、刀剣、十手、提灯、徳利、など。それに何の芝居に使ったのだろうか、経木《きようぎ》に包まれたおむすび三つ。

われわれは、まだ客の入っていない上手《かみて》側の一段高い桟敷席について、幕の内弁当を食べました。梅本さんがわざわざ持って来てくれたクッションを背中の手すりに当てて、お大尽《だいじん》気分でゆったりしていると、突然、ドカドカと物すごい足音に驚かされました。年配の客の一団が、二、三十人なだれ込んで来たのです。彼らは、かぶりつきの席を陣取るために、早くから並んで待っていたらしく、あまり慌てて走って、升の枠につまずいたり転げる人もいたりして、大騒動でした。その異様な光景には、唖然としました。美空ひばりのときなども、こうしてかぶりつきの席が占められたのでしょう。その後、ぞくぞくと客がつづいて、すぐに二階席まで埋まってしまいます。きたやまおさむは、スターです。

舞台で、彼はレクチャーを面白く語り、行徳さんのデゴマルシャドウズの五人のバンドを背景に、バラエティーに富んだ歌の数々を熱唱していました。そのなかで、加藤和彦への鎮魂歌『早く逝こうとする君』〈早く逝こうとする君／振り向いてごらんよ／君に捨てられた者の／涙が止まらない〉が歌われていました。今も君の声が聞こえて来て悲しい。そして置き去りにされた私だけど、私はまだ生きています――。

この歌には、北山さんの深い悲しい想いが込められているのでしょう。それだけに、その想いを込めて歌うことによって、自分の感情へ決着をつけようとしているのでしょう。悲しみは、その辛さをこうした言葉にしたり、歌ったりして表現することによって、しだいに和らいでゆくものでしょう。先にも述べてきたように、このような対象喪失という悲劇的な体験は、いつまでも心のなかにくすぶらせておくよりは、それを客観視しながら、反復して蒸発させることによって、心が浄化されます。そして断念や、解脱《げだつ》へとつながってゆくものでしょう。

二階席まで満員の、昔ながらの芝居小屋でのライブというのは、一味違った独特な雰囲気でした。古めかしい舞台に、ドラムなどの洋楽器が置かれている景色も異様ですが、桟敷席の客の熱気は親密で、生々しくうねってきます。『水虫の唄』『西瓜太郎』、もちろん『イムジン河』、そして『あの素晴しい愛をもう一度』などで、大いに盛り上がって終わりました。

そのあと座長部屋へ行って、しばらく話し合いましたが、彼は「この舞台では、音がアコースティックに響くので、やりやすかった」と語っていました。

観客の熱気も去って、人影もない冬の劇場前の広場に、灯りだけが煌々《こうこう》と灯《とも》っているのは、いかにも祭りの後といった風情でした。帰りの車では、われわれもいよいよ北山さんとお別れだな、と、浅川マキの歌を聴きながら思いました。

——二〇一一（平成二三）年、『ゆるい暮らし』より

自死と潔さ

きたやまおさむ

『早く逝こうとする君』は福岡のミュージシャン、行徳伸彦が作曲したものです。フォークルのファンだった彼とは、ときどきパーティーなどで会っていたのですが、加藤和彦が突然に死んだことをきっかけにして、親しくなりました。喪失の直後は、一瞬私の音楽活動はもう終わったと感じており、加藤の喪失の穴を埋めてくれた行徳のことを、私は「神様の贈りもの」と考えたものです。『早く逝こうとする君』は死の翌年に、九大の研究室でできたものですが、そのあともこれを歌いながら何度か行徳と作品作りや共演をこなしてきました。

じつは数十年前にも、私はフォークルを解散してから、これで私の音楽はもう終わりだと思ったときがありました。歌も演奏も下手だったということが最大の理由です。それでフォークルの再結成の話が出たときも、九大教育学部の三階の渡り廊下から加藤和彦に

携帯で電話し、ＮＨＫホールでの出演はやめたいと言ったことを覚えています。彼は笑いながら聴いていて、「お前は、ときどきそうなる！」と言っていました。やっぱり大きなステージで演奏するのは、恐くなることがあるのです。わくわくもしますが、緊張もし、恐くなったこともあるのです。でも彼はステージでは心強いパートナーとして立ってくれていました。私の立場はセミプロですし、彼は超プロでしたから。

しかし彼は彼で、作品ができないという問題で悩んでいました。ときに鬱状態になったので、死ぬ前の数年は友人の精神科医に頼んで診てもらっていました。ところが急に行方不明になり、帰らぬ人となったのです。その前から、こんなことが起こるのではないかと、うすうす感じてはいましたが、行方不明の期間、私は彼がどこかで大量服薬で薬漬けになっているものとばかり思い込み、わずかな希望にすがりついていました。

もともと絶対に入院は嫌だというし、むりに入院させると友好関係が壊れてしまうでしょうし、何とか外来治療でもたせたいと思っていました。いま考えると、友情関係を壊してでも入院させておく道もあったかもしれないのですが、私はそこまで踏み込めませんでした。

彼の自死は、ある意味では確信犯なのです。自分で首を吊《つ》る道具から、二〇通近くの遺書、最後に飲むワインを含めて何から何まで準備していました。だから仕方がなかった。

ある日のこと、そんなことはまったく知らない私と会う約束をしていたのに、それを食事会に変更したいと言い出しました。私は酒席で会うのは避けたかったので断ったところ、京都の母親の用事があるからと言って約束をキャンセルし、そのまま出発したようです。それで京都に行っているものと思って、行方不明の報を受けて京都中を探してまわったのですが見つからず、途方に暮れている間に、本人の計画通りの自死を軽井沢で実行したのです。こういう確信犯の場合は、止めようがない。入院させていたとしても、嘘をついて出て行くでしょうし——今さら取り返しがつかないのですが。

じつは残念なのは、『帰って来たヨッパライ』がヒットしていなかったら、と私が思ったことです。そして、彼を悩ましたのは、ヒット曲が書けないという現実でした。誰でもがそうであるように、ヒット曲が生まれるのは偶然です。才能プラス偶然というのが、めったにあり得ない可能性であり、いくら良い曲でも、ヒットするとは限らないのです。

そのうえ彼の場合は、ファーストクラスに乗り、高級ワインを飲むという、贅沢な暮しがもはやできなくなったようで、それが嫌になっていたのです。私に言わせれば、分相応の生活をしておれば、経済的に追い詰められることはなかったと思います。

伝記的エッセイ『コブのない駱駝《らくだ》』（岩波書店）にも書きましたが、彼が亡くなったあと、彼のスタジオに行ってみたら、一九六七（昭和四二）年のアマチュア時代の解散コンサートの写真が一枚、残されていました。あとの機材や音楽資料は、人知れずみんな捨てていました。あの写真は、あのアマチュア時代に戻りたかったというメッセージだったのでしょう。

私としては、あの人に何度もやめようと言ったつもりなのです。例えば、アマチュアからプロになったとき、あと一年でやめようと。私があの人と違うのは、医学部に戻るという確たる場所があったということです。それに対して、彼のギターのセンスとテクニックは抜群でしたから、その面ではショービジネスに残る自信もあったでしょう。

私は、一〇〇万人の人を相手に歌を歌うことも大事ですが、目の前の一人の人を助けることも価値のある仕事だと思います。これは医学や臨床心理の人だけでなく、ほかのサービス業などの人にも言えることです。同時に、不特定多数の人びとを相手にすることの虚《むな》しさに、人生の黄色信号として気づいたのは私にとって大きいターニングポイントでした。

吉本《よしもと》ばななさんが私との対談で述べられていますが、黄色の危険信号が出たときに、戻って来られない人がいるのですね。私は、黄色が光ったとき、戻って来たのだと思います。だから私がお酒をやめたのも、その一つです。今も、俺の言うことを聞いてほしかったな、ミカンを食べながら紅白歌合戦を見るのも良かったのに、と独りでブツブツ言っています。

17『コブのない駱駝』（1968）

二面性

前田重治

先日、行徳伸彦さんから、北天神のライブハウス「CB」で開かれる『OKとNGを歌う2』という切符が送られてきました。彼のライブには、これまでに何度も招待されたし、北山さんと三人で飲んだこともあります。地元では名の知れた若手のミュージシャンです。

その日は、ちょうど福岡での日本精神分析学会の最終日でした。それで夕方に、シンポジウムで発表を終えた北山さんと、喫茶店で一服してから会場に向かいました。彼はシンポジウムで、「精神分析臨床の場における『現実』と『真実』」などという、ややこしいテーマを三時間にわたって論じたあとだったので、まだ学会での熱弁の余韻が残っている様子でした。
あまり広くはない黒い壁のライブハウスは、満員です。そのうしろの特別席から、二人で行徳さんのバンドの演奏や歌を聴きました。今回のバンドには、めずらしくハーモニカも加わっていましたが、北山さんが、「ペーソスがあって好いですね」、とつぶやいていました。行徳さんのギターの指はますます巧くなっていて、みんなを盛り上げています。

『コブのない駱駝』

作詞＝北山 修　作曲＝加藤和彦

（セリフ）

「昔 アラビアに
コブのない駱駝と
鼻の短い象と
立って歩く豚がいました
彼等は自分のみにくさを嘆き
アラーの神に祈ったのでした」

コブのない駱駝、………、………、
あ～みんなはオレをからかうの
あ～コブがないから楽だなんて
よく お聞きなさい
駱駝なんかじゃない
お前は 馬さ

鼻の短い象、………、………、
あ～私のおハナは短いの
あ～カガミをみるたび ゾウーとするの
よく お聞きなさい
象なんかじゃない
お前は 河馬さ

立って歩く豚、………、………、
あ～二本の足で歩きたい
あ～だけどみんなにぶたれるの
よく お聞きなさい
豚なんかじゃない
お前は 人さ

彼は自分の歌のあいだに、北山さんの『コブのない駱駝』〈コブのない駱駝／あ〜みんなはオレをからかうの／あ〜コブがないから楽だなんて〉を歌っていました。この歌は、コブのない駱駝は馬だと言われたり、鼻の短い象はカバだとからかわれたりします。そして立って歩く豚はみんなにぶたれるが、じつは人間なのだよ、という風変わりな歌です。このハチャメチャな発想は、面白いものです。

北山さんが福岡に来たころ、「フォークル」では、まじめな歌のほかに、戦後に評判になっていた川田晴久《かわだはるひさ》らの「あきれたぼういず」みたいな冗談音楽もよく歌っていましたよ、と言っていたのですが、これはその一連の歌の代表なのでしょう。しかしながらこの歌は、たんなる冗談音楽のように聞こえていて、じつは彼の持論である「二面性」という、「あれと、これと」に分割して物事を見ることへの遠回しの批判という寓意もこめられているということです。精神分析で「中間学派」という彼の立場らしい歌として、味があります。

ここには挙げていませんが、同じようなコミックソングの『水虫の唄』〈せつなくうずく水虫は／君と僕との愛のしるし〉というのもあります。水虫に〈もう一度もどってきておくれ〉と切なく歌いかけます。これらがライブで歌われると、客席でクスクス笑い声がしますが、もちろん『あの素晴しい愛をもう一度』のパロディです。まあ、別れや、はかなさや、死などの重い歌の合間の、息抜きともいえるのでしょう。

休憩のあとの第二部では、はじめに北山さんが舞台に上がって、しばらくトークをやっていました。その語りのなかに、最近「ザ・フォー・シーズンズ」という音楽グループの映画『ジャージー・ボーイズ』を見て、涙が出たという話がありました。そのメンバーは、いまだに一人も欠けないで生き残っているのが素晴しくて、感動したそうです。そこには、自分たちのかつての「フォークル」への想いも重なっているのでしょう。むかしのメンバー全員が、何十年も、そのまま生きのびているということは、たしかに難しいことのようで、北山さんの切ない想いが伝わってきました。そこにあの鎮魂曲『早く逝こうとする君』も生まれてきたのでしょう。

最後には、定例のように『あの素晴しい愛をもう一度』の合唱で盛り上がって終わりました。

そのあと、何か話があると言うので、二人で暗い港町のレストランを探して入りました。その話というのは、来年の自分の古希と、私の米寿の祝いを合同でやりませんか、という提案でした。彼との長いつきあいながら、まったく気がつかないでいましたが、彼とは奇しくも一八歳、齢が違っていたのでした。　――二〇一五（平成二七）年、『愉楽の森』より

無意味

きたやまおさむ

ギタリストの行徳伸彦が、一緒にやりませんかと言ってくれたので、彼がどれくらいやれるのかを見たくなり、オーディションのつもりで、ライブハウスの「CB」に出かけました。そのとき、この『コブのない駱駝』を準備して待っていてくれました。いくらザ・フォーク・クルセダーズのファンだといっても、この曲が好きなので共演したいと言う人はあまりいない。じゅうぶんに練習していたようで、歌うとバックコーラスのノリも良く、これは本物だと思い、この四、五年はライブで共演してきました。

この『コブのない駱駝』は、私の伝記のタイトルにもなったように、もともと私の自己についての感覚を表現しているのです。そして、意味を求める構造のなかでは収まりが悪く、無意味と馬鹿にされるのだが、どっこい意味があるという発見が愉快なのです。この快感はノンセンスと呼ばれて、ルイス・キャロルの作品、マザーグース、ビートルズとかで、体験できます。それは時に笑いの一つの要素ですが、意味のないものとして排除されるものの回帰は、人生を意義深いものにしてくれます。とくに分類不能で、駱駝か馬か、よくわからないものがまた受容されるプロセスは発見ですね。

ここでのもう一つのモチーフは、駱駝か馬かよくわからないけれど、ブタか人間なのかもよくわからないものだけど——しかしコブのない駱駝や、ブタのような人間だっていますよ、というオチなのです。ここが、私がいつも二面性とか、橋渡しとか言っていることの一つの在り処なのです。「駱駝のコブのないのは馬だ」と決めつけてしまうと、またその領域の意義を排除してしまうことになります。だから人魚だとか、鶴女房だとか、スフィンクスなどが現れてくる領域が重要——怖いけれど面白いのだよ、と言っているのです。

ゆえに、特に真面目な人には、ここは評価の分かれるところであり、いつも危なっかしくて引き裂かれてしまいかねないという危険性があります。たいていは、鵺《ぬえ》のように扱われて排除されてしまいますが。それらをたくさん集めて同時に見ると、その曖昧な「いい加減」の領域を提示できるのですが、そのときに異種が交じり合った玉石混交（後述）にいられる余裕があるかどうかがとても大事になってきます。そこに立って、生き延びて、時に守ってゆくのが、精神科医や臨床心理士なのですね。

それは、この右に行けば狂気になり、左に行けば笑いになるというような別れ道に立つことです。社会の分類傾向、あるいは二分法の問題なのですけど、臨床では生きるも死ぬも隣り合わせですから、その生死を分ける状態を扱う私たちは、右に行くか、左に行くかの方向を示す岐路に立たなくてはならない。そうした拘泥の状態の重要性と危うさについて、私は精神分析に出会う前に歌っていたわけです。

18『さらば恋人』(1971)

別れ歌　前田重治

元グループサウンズの堺正章《さかいまさあき》が歌っていた『さらば恋人』〈さよならと書いた手紙／テーブルの上に置いたよ／あなたの眠る顔みて／黙って外へ飛びだした〉は、以前から好い歌だなと思って聴いていたものでしたが、それが北山さんの作詞とは知りませんでした。

歌謡曲でも、愛する女性との別れの歌というのは、けっこう多いようです。ある時期は、「命かけて」まで愛を貫こうと思っていたのに、別れることになるのです。その愛が冷める事情はいろいろあるのでしょうが、歌ではそのあたりはあまり問われません。それ

『さらば恋人』

作詞＝北山 修　作曲＝筒美京平

さよならと書いた手紙
テーブルの上に置いたよ
あなたの眠る顔みて
黙って外へ飛びだした

いつも幸せすぎたのに
気づかない二人だった
冷たい風にふかれて
夜明けの町を一人行く
悪いのは僕のほうさ
君じゃない

ゆれてる汽車の窓から
小さく家が見えたとき
思わず胸にさけんだ
必ず帰って来るよと

＊いつも幸せすぎたのに
気づかない二人だった
ふるさとへ帰る地図は
涙の海に捨てて行こう
悪いのは僕のほうさ
君じゃない

＊くりかえし

よりも別れ際《ぎわ》の、また別れたあとの悲しみや、つらい想いというのが、歌の主題になるのでしょう。

それが男性の側から歌われたものとして、沢田《さわだ》研二《けんじ》の『カサブランカダンディ』はカッコ好かったし、狩人《かりゅうど》の『あずさ2号』の切迫感も味がありました。さだまさしの『精霊流し』は沈痛でしたし、あがた森魚の『赤色エレジー』には昭和のロマンがありました。

いっぽう女性の側からとしては、こちらのほうが数は多いようですが、ちあきなおみの『喝采』には悲しい物語がありました。別れの恨み節で有名だった中島みゆきの『わかれうた』には、彼女らしい芝居がありました。

同じ別れ歌でも、尾崎紀世彦《おざききよひこ》の『また逢う日まで』などは、二人の協議別離だったのでしょう、晴れ晴れとした大声で、堂々と胸を張って歌われていました。

そうした数多い別れ歌のなかでも、この『さらば恋人』は、すこし異色で、すこし暗いのです。〈悪いのは僕のほうさ／君じゃない〉と、内心で何度もくりかえしながら、肩を落として、明け方の町を去ってゆきます。そのうなだれた後ろ姿が印象的です。そういう落ち込んだときには、汽車に乗って、母なる故郷《ふるさと》へ帰ることによって、心が癒されるのでしょう。

ということで、いつもの快活な北山節とは違っています。しかし、好い歌だと思います。

きたやまおさむ　そういうことなら

堺正章さんが「ザ・スパイダース」として成功したあと、ソロシンガーとしてデビューされる際に企画されたもので、筒美京平《つつみきょうへい》さんが作曲しています。私にとってはそれまでと違って、作詞者と作曲者の組み合わせが、レコード会社のプロデュースと企画によるものでした。実際の創作の際は、すでに曲だけではなく、編曲まででき上がっていて、あとは歌詞をつけるだけという段階だったのです。だから、いっしょに歌を作るという楽しみはなかった。

私の多くの作品作りが、仲間でいっしょに作るというやり方でしたので、孤独な歌作りは苦しい作業でした。そのあと、堺さんのためにもう一曲作りましたが、そういう作り方が苦手だったので、私はプロの作詞家になるのは、つくづく向いてないと思いました。

私は「故郷《ふるさと》」という言葉をよく使うようで、プロデューサーから、今度もそれを入れてくださいよ、などという注文も出ました。なにしろ、結果を狙《ねら》って成し遂げられた仕事で、自然な交流から生まれたものではないのです。作るプロセスや交流の楽しみがなく、計算で作りました。ここに、私の言行不一致、いつも言っていることと違うという矛盾が生じるのですね。私は、歌いたいことを歌うということではじめたわけですから、皆といっしょに歌えない作品作りでは、違和感が生じてプロにはなりきれないのです。

その結果、「そういうことなら」と、ショービジネスとは、この歌のような別れ方をしたのではないかと思います。しかしいま思い浮かぶのは、実際にプライベートでもこの歌のような別れ方をしていたという個人的な体験があったのです。最近聴いた、山本潤子《やまもとじゅんこ》さんの歌声で、そんなことを思い出したので、懐かしいだけではなく、他方でほんとうのことを歌っていたのだという考えが強くなってきました。

それでこのプライバシーをごまかすために、違和感などと言っていたのです。堺さん、すみません。〈悪いのは僕のほうさ／君じゃない〉です。それで今さらながら、〈悪いのは僕のほうさ／君じゃない〉と口ずさんでみますと、さらに心の具体的な動きが見えてきます。つまり、堺さんが所属していたザ・スパイダースと別れるところを、私は幾重にも自分の体験と重ねていました。私もまたグループと別れたところであり、明らかに私は堺さんと交流し、歌い手の別れを自分でも生きていました。

歌では、「さよなら」という言葉は何重にも意味が深い。ほんとうに、これから来る別れでも、「そういうことなら」と、別れたいものですが。

19『花のように』（1970）

終わりという悲劇

前田重治

北山さんから、『ふり向けば、風』という新作アルバムが送られてきました。「デビュー

『花のように』
作詞＝北山 修　作曲＝加藤和彦

何気なく見上げた 青い空の雲が
風にゆれ誰かの 姿に見えてくる
青空が変わった 青空が変わったの
何気なく見上げた 青空が変わった

花のような二人が 愛することを知る
その時から風は 恋の唄を歌う
あの日から恋した あの日から恋したの
花のような二人が あの日から恋した

風がふいて恋は どこかへ消えてゆく
花のような二人の 涙は風の中
花のように終わった 花のように終わったの
風がふいて恋は 花のように終わった
花のように終わった

50周年記念作品集」と銘うたれています。先日の電話で、「こんど新しく出るCDには、美空ひばりや井上陽水《いのうえようすい》や岩崎宏美《いわさきひろみ》など、いろいろな人の歌が入っていますよ」と聞いていたので、楽しみに待っていたものでした。

そのジャケットの表には、自分のモノクロの顔写真。こんな写真ははじめてです。そして裏の収録曲のリストには、たしかに錚々《そうそう》たる顔ぶれによる一四曲がならんでいます。それらの作詞は、北山修が八曲、きたやまおさむが六曲で、最後の『風』のあとにボーナストラックとして、もう一つの『風』。

それらのなかで、小田《おだ》和正《かずまさ》の『花のように』〈何気なく見上げた 青い空の雲が／風にゆれ誰かの 姿に見えてくる〉の新鮮さがとくに気に入りました。花のような二人が、花のように終わったという可憐さ。〈風がふいて恋は どこかへ消えてゆく〉、そして、〈花のように終わった〉とくりかえされて余韻を残します。この珠玉のような小品が、小田和正の澄みきった声で歌われているのを聴いていると、やや大げさですが、「花の美の極みは、死である」という久世《くぜ》光彦《てるひこ》の言葉までも思い出しました。

北山さんの歌には、これまでも見てきたように、愛をはじめとして、別れ、終わり、死といったテーマが多いようです。これは、うつろいやすさ、空しさ、はかなさ、そして虚無感にもつながるものです。人はこの浮世（憂《う》き世）を生きながら、いずれ死んでしまう存在なのですから、これらのテーマは、歌謡曲でも、芸能でも、芸術でも、好んで取り上げられることになり、多くの人の共感や感動を得るものでしょう。そこでは「終わり」「死」という一種の悲劇が歌われているわけです。われわれは人の死を悼むとき、心の奥ではやがて訪れる「自分の死」に思いいたっていることもあります。こうして「終わり」や「死」にまつわる悲劇を鑑賞し、そのはかなさや、空しさに感動することで、「自分の死」という不安な体験が、くりかえされていると言ってもいいのかもしれません。つまり、われわれは、そうした歌を聴くことによって——これは映画でも、舞台でも、小説でも同様に——その余韻のなかで、自分の死の不安と徐々になじんでいるのではなかろうかと思います。

ここで、アリストテレスの『悲劇論』まで持ち出すのはやや大げさかもしれませんが、その言葉を借りてくるなら、悲劇は心を浄化（カタルシス）させ、さらにそれは、「解脱」にもつながるというのです。解脱とは、救済・解放という意味もありますが、これを日ごろ見失っている自分の姿に気がついて、社会的な束縛から離れて、もっと自由な心で生きるという意味に解してもいいだろうと思います。これは、その作者の北山さんもそうだろうし、それを鑑賞しているわれわれも、その感動にあやかっていると言えるのかもしれません。

この歌は、北山さんの『百歌撰』によれば、高く澄んだ声が合う曲らしいのですが、その清純なムードには、ほれぼれと惹きこまれました。

——二〇一七（平成二九）年、「『ふり向けば、風』によせて（1）」

花のように終わる

きたやまおさむ

私は、自然こそ最高の精神療法家だと思います。大災害のあとで、一時的にパニックを起こす人もいますが、多くの日本人は良い意味でおとなしくなります。これは大自然と対話して、日常的にそのメッセージを受け取っているということでしょう。大地震に見舞われた被災地での余震、東京の微震の瞬間を思い出してもらえばおわかりでしょうが、中途半端な状態で「逃げるか逃げないか」を決めないまま、ともに揺れる時の自然との共生感覚は今日もくりかえされています。

大自然は、人間の思い上がりや万能感など、一瞬にして潰してしまいます。それまで毎年、期待を裏切らないで桜が咲き、必要な雨も降ってきたのに、突然、期待を裏切って牙をむくことを経験させられるのです。そのとき私たちは、大自然が私たちと同様に当てにならないことを思い知り、従順でおとなしくなる。

自然が順調に進行しているかどうかを知る機会が、花がちゃんと咲くかどうかによって示されています。花が咲き、実を結び、そして枯れ、また咲いてくれるかどうかを懸念する。少しの揺れ幅のなかで起こる、花のほぼ規則正しい生き死にを、私たちは人類の順調な展開とみなしている。

本作は、それに合わせるかのようにして愛や恋の生死、そして「はかなさ」を語っています。また、それを親子関係を含むあらゆる愛情関係に見ているわけです。キーワードは、花のように「終わる」です。花のように散るという言葉もありますが、やはり物語のように「終わる」なのです。

『花のように』は、一九七〇年の歌ですが、歌の世界で若い頃から老成しているように見えるのは、歌こそが人生の鏡として、短く生きて終わることに注目していたからなのでしょう。『風』は、二十歳《はたち》ころのものですが、このころにこんなことを考えていたのですね。

論文などの結語として、皆さんは「おわりに」を書くでしょう。しかし私は、「最後に」と書くのです。そこにはいっさいのものが取り返しがつかなくなる、という思いがあるからと言えるかもしれません。よくいわれる「一瞬先は闇」という感じです。

これは、原子爆弾が投下された直後に生を受けて、人類が一発でいなくなるという衝撃的な告知から生まれた、地球上から生命が絶滅する恐怖から来ているのかもしれません。私の世代は原爆の恐ろしさとともに、もうすべてがすでに終わったのではないかと思って人生初期を生きた世代なのですね。私の幼少期は抗生物質もほとんどありませんでしたから、同世代の多くが亡くなり、大病したらもうおしまい、というのが共通感覚でした。死が身近にあって、何もかもが、いつでも、二度と戻ってはこなくなるという思いが強かった。

ところが現代のインターネットの時代になって、プレイバックするという感覚に慣れてきました。スマホでチェックすると、何でも思い出させてくれるし、何年に何があったのかということも、すぐにわかりますよね。それで昔のことを忘れなくなったとも言えるのでしょうが、一方で消えるとか、喪失するという感覚が薄れているようでもあります。

昔は、二度と取り返しのつかないということが、嫌というほどありました。だから、生きることと同時に、死ぬことのほうに「も」強調点があります。『古事記』のなかの、イザナミの死体が暗闇のなかで、転がっていたというエピソードのように、それを見ることは避けられない。

ここまで書いて、私の「花」であった瀟洒な京都駅が、私の目の前で全焼した日のことを思い出します。占領期真っ只中の一九五〇（昭和二五）年一一月一八日の朝、私は四歳でした。あの時、アイロンの不始末という、人間のいい加減さのために焼け崩れた巨大な母神イザナミを、水と泥をかぶった状態で、たしかに見たと思うのです。

20『風』（１９６８）

はかなさ

前田重治

「50周年記念アルバム」のしめくくりは『風』〈人は誰も ただ一人 旅に出て／人は誰もふるさとを振り返る〉です。きたやまおさむと坂崎幸之助によって歌われています。

先日、新聞の訃報欄に、かつて『風』を歌っていたはしだのりひこが亡くなったという記事が載っていました。七二歳。北山さんに尋ねたら、二〇一七年春に、「KBS京都」の創立六五周年記念のイベント「京都フォーク・デイズ ライブ」に、長年、病気で引っ込んでいたのを引っ張り出して、いっしょに歌ったのが最後だったそうです。

あとで、送ってもらったその録音盤を聴いてみると、フォークソングの草分け時代に、「京都フォーク」と呼ばれていた一団の人たちが大勢集まって、盛り上がっていたライブです。北山さんをはじめ、当時のディレクターや、杉田二郎、ヒューマン・ズー、平《ひら》沼義男《ぬまよしお》などの面々が、当時のことを懐かしく語り合っていました。そして京都フォークで一番声が響いていたという杉田二郎が、『男どうし』とか、あまり聴いたことのない『人生の階段』などを、相変わらずの美声で歌っています。

そこに特別ゲストとして、はしだのりひこが、娘さんの押す車椅子で登場してきます。彼は、『風』を歌ってきたことを誇りに思うことなどを語ったあと、自分で歌い出し

『風』
作詞＝北山 修　作曲＝端田宣彦

人は誰も ただ一人 旅に出て
人は誰も ふるさとを振り返る
ちょっぴりさみしくて 振り返っても
そこには ただ風が吹いているだけ
人は誰も 人生につまずいて
人は誰も 夢やぶれ振り返る

プラタナスの 枯葉舞う冬の道で
プラタナスの 散る音に振り返る
帰っておいでよと 振り返っても
そこには ただ風が吹いているだけ
人は誰も 恋をした切なさに
人は誰も 耐え切れず振り返る

何かを求めて 振り返っても
そこには ただ風が吹いているだけ
振り返らず ただ一人 一歩ずつ
振り返らず 泣かないで歩くんだ

何かを求めて 振り返っても
そこには ただ風が吹いているだけ
吹いているだけ…

ました。それは、ややかすれ気味の低い声でしたが、末尾の〈人は誰も　夢やぶれ振り返る〉というフレーズだけは、精いっぱいの声を息長く響かせていたのが印象的でした。そして二番以降は、彼の声を支えるようにして、ゲストたちによる何十年ぶりかの合唱となっています。

最後に、はしだのりひこは、「もうちょっと生きてて、よろしいか」と、つぶやきながら舞台から去っていきましたが、これは四月のことだったので、残念ながらそのあと八ヵ月の寿命だったことになります。

この『風』が作られたのは、一九六八年のことです。この風のうつろいやすい「はかなさ」というのが、その後の北山さんの学問研究の底流にもなってきたというのも興味深いことです。表現者は、その処女作へ向かってゆくと言われていますが、まさにそのとおりです。精神分析での処女作『悲劇の発生論』のあと、「幻滅論」から「共視論」をへて、人生というものの空しさを見つめながら、人はいかに生きるといいのか——表現者であり、治療者でもある北山修が、精神分析という学問研究を通して一貫して追求しつづけてきたテーマです。

私としては、この記念アルバムの『風』では、こんど新たに歌い直されたというボーナストラックでのきたやまおさむと坂崎幸之助のシンプルな歌い方のほうが気に入っています。

ともかく、この「50周年記念アルバム」というのは、これまでの北山さんの多彩な歌が、多彩な歌われ方をしているもので、ずいぶん贅沢《ぜいたく》で、そしてレアなアルバムといえるようです。

――二〇一七（平成二九）年、『ふり向けば、風』によせて（2）」

そして、風になった　きたやまおさむ

最後の『風』ですが、その後の私の話によく出てくる、無意味とか、幻滅とか、遊びは終わるとか、死とかいうイメージが、〈ただ風が吹いているだけ〉というフレーズとそれに付随する感覚に全部現れているように思います。それは日本語が多義的であることの面白さも手伝って、「振り返っても風」という言葉で、空しさも、恐怖もすべて言えているように思います。日本語の多重決定（いろんな意味が多重に多元的にあること）というか、重層性（意味が浅い意味や深い意味という具合に層をなしていること）と言われるものです。人に愛される作品というものは、いろいろな意味にとれて、一つの意味だけではないのです。

さらに、他の方とくらべて私は、日本語が虚しく響きやすくて、無意味のように感じることがあるのです。その個人心理学的な自己分析は後で述べますが（本書二〇〇頁）、環境

因の一つは、母が兵庫県から嫁いで来て、父が島根県の出身で、二人とも京都弁は喋ってはいなかったということです。京都弁が私にとって自分の言葉ではなく、まあ、「適当に」関西弁は喋りますが、私の言葉のルーツは方言のレベルで何弁だったのか、はっきりしないのです。で、もともと何弁を喋っていたのかというと、この世の中に現存する方言ではないのかもしれません。赤子の側には方言はないでしょうから。

お笑いの人たちが、コテコテの関西弁で堂々と喋っているでしょう。あの感覚が、私にはわかりません。「お国訛りは国の宝」とか言いますがね、私にはいつのまにか自分の「お国」の言葉がなくなってしまっていて、自分の言葉を求め、求めて今日まで喋りつづけているのです。

よく人から、言葉の面でいろいろなことを思いつくことに驚かれますが、じつは、ほんとうに私の言葉は何弁なのか、わかりにくいからと言えるのです。「失われた時を求めて」というけど、私は「失われた方言を求めて」というのかな、世界のどこに行っても私の方言はなかったようです。むしろ、医家で、駅前で、いろんな国や地方の言葉が入り混じった言葉というのが、私の母国語なのです。

そしてそれは、今や忘れられてしまった外国語のようなものなのだと思います。ときどき消えてゆく辺境の言語が話題になるでしょう、「○○語は、今やもう少数にしか喋られていなくて、やがて消えてしまうのではないか」と。ひょっとすると私が物心ついたときに喋りはじめていた言葉とは、今から七〇年前の駅前にしかないもので、今やそれは何かに託して喋ったりするしかなく、宇宙のどこかで「吹く風」のように漠然と話されているものなのでしょう。

むすび　前田重治

「きたやまおさむの歌」には、人生における喜怒哀楽の感情がさまざまなかたちで、おおらかに、あるいは繊細に表現されていて、その多様性に気づかされます。しいて言うならば、そこには彼の歌声のように、「愛する」ことの悦びが、高らかに歌われているものが多いようです。そこでの素晴しい愛の相手（対象）というのは、恋人はもちろんのこと、家族や、友人、さらに大自然に対する愛までもふくまれているという、視野の広いものです。

それだけに、その愛するものとの「別れ」の悲しみや、空しさが歌われたものも少なくないようです。しかし、そこで失われたものを嘆き悲しんでいるだけではなく、代表曲ともいえる『あの素晴しい愛をもう一度』にみられるように、将来への希望という前向きな明るい姿勢が見られるのが大きな特徴といえましょうか。

ここには、たまたま私の印象にのこった歌がならんでいます。お祭りの楽しさが歌われている『紀元弐阡年』や、人生の船出の『人生号』がありますし、まわりの人びとに『感謝』したものや、相棒だった加藤和彦へ捧げた献辞《オマージュ》のようなものもあります。また旅先での孤独感をメロディに乗せた『旅人の時代』もあるし、心と心との結びつきをしみじみと歌った『長相思』もあります。

その一方、抒情的な『初恋の丘』や『花のように』もありますが、この可憐で甘くて切ない歌の翳《かげ》には、はかなさや、空しさが漂っています。そこには、お得意の比喩や寓意も用いられていて、歌詞の行間に含みがあるというのも、一つの特徴なのかもしれません。とくに別れや喪失——ひいては死の悲しさ、寂しさ、空しさなどの心情が、花や、雲や、風などに託されていて、その代表曲は、なんといっても『風』でしょう。

また、『題名のない愛の唄』という、愛の原点ともいうべき性的な結びつきが歌われたユニークな歌もあります。

そのいっぽうで、『積木』や、ここには挙げていませんが『祈り～prayer～』など、自分へのメッセージとして、自分を客観視した自己観照の歌詞もあります。そして人が生きてゆくうえでの現実の厳しさをみつめた『港』や、人生いかに生きるべきかを問うている『何のために』もあります。

彼の代表作ともいわれる『戦争を知らない子供たち』の成り立ちも興味深いものです。さらに、これらとはまったく違った系列として、『帰って来たヨッパライ』とか、『コブのない駱駝』や『水虫の唄』のようなパロディめいた一連のコミックソングもあります。こうした英国風な諧謔の味があるものや、マザーグース風な無邪気《イノセンス》に見えるもので、人間や人生や社会が遠まわしに風刺されたりしているのは愉快です。それらは、若いころの彼の心の内に鬱積した感情の巧みなはけ口ともなっていたものなのでしょう。

本書では四〇〇曲を超えるという「北山修／きたやまおさむの歌」のなかの二〇曲しか挙げていませんが、その内容はこのようにとても多岐にわたっているので、一口では語りにくいものです。

とはいっても、ここで語られてきた楽屋裏の話とか、数々の個人的《プライベイト》な心情などを聴いていると、多くの歌の背後には、やはり作者の一貫した思いの筋が通奏低音として流れているように感じられました。そこには若い時代に、歌が作られた当時から意識されていた思いもあるようですし、今日ふりかえってみて気がついたり、考察されたりしたものもあるようです。そこには北山修であり、また表現者でもある「きたやまおさむ」の人生観が宿っているといってもいいのかもしれません。

かつては深層心理学と呼ばれていた精神分析は、人の無意識という心の深層（真相）の世界に気づかせ、そこからいかに自分らしく生きてゆくかを考えさせます。その目でみると、若いころには、まだはっきりとは意識されてはいなかった彼の幼少期の体験（例えば、母親代わりだった祖母の死）や、その後の父や母との関係、また京都の「駅前体験」というものが原点となっていて、それがさまざまな歌のかたちとなって昇華（消化）されてきているように思われます。彼が育ってきた環境としての京都駅や駅前というのは――まるで人生の縮図のように――人と人との出会いの場であり、別れの場であり、また出発の場でもあったわけです。

さらにそこに、戦後のアメリカ軍の進駐によって、身近に不安と誘惑という二重性をもった異文化がもたらされています。そこから、彼の音楽の世界もひらかれてきたというのは興味深いものです。若いころには、しばしば勉強と遊びの間に葛藤が生じるものでしょうが、英国留学で、その葛藤を解決する道として、ウィニコットの「あそび《プレイ》」という考えと出会ったことは、その後の彼を方向づけたわけで、本人の言葉を引用すれば、「出会うべくして出会った」必然であったのでしょう。

彼は遊びが好きな人ですが、楽しく遊んだあとで、それについて考えるという「遊び論」を語っています。遊ぶというのは、日常という現実から一時的に退行することです。そこでは思わぬユニークな発想（着想）が生まれやすく、創造性の源泉ともなります。それをあとで知的によく考えて、現実と照合しながら推敲《すいこう》することで、さまざまな芸術や芸能が創造されてきます。彼の場合も、そこからいろいろな歌が生まれてきたのでしょうが、やがて彼の関心は歌よりも、本業の精神分析の研究へと集中してきたようです。

もともと、人と人、また自然との調和や親和を愛する彼は、若いころから社会や人生での、対立する「二重性」（両面性）にこだわってきています。そして精神分析の研究をとおして、人生や人の表と裏、本音と建前、清《せい》と濁《だく》、さらに精神と身体、意識と無意識という矛盾する領域のジレンマを処理するために、「二股を掛ける」という考えへと向かってきました。彼はある時期、外交官になりたかったそうで、そうした矛盾・対立する二つの世界の中間に立って「橋渡し」をしたいという考えを抱いていたと語っています。それが北山修の精神分析の研究において、「橋渡し」論として学問的に広く展開されてきました。そして、この二面性をいかに克服するといいのか、という考えをおし進めて、「あれか、これか」の二分法ではなく、「あれも、これも」取り入れるという、積極的な意味で「いい加減」に生きるという道を示しています。そこいらのことは、第二幕でさらに詳細に述べられると思います。

彼の自作についてのコメントを聴きながら、同じ遊び好きでも、私とはすこし違ったところもあるな、と思いました。私は物事を彼ほどに積極的に考えて思索するのは得意ではありません。それで若いころからずっと人生低徊《ていかい》派として、あれやこれや想像して、そのイメージを見て愉しむような生き方をしてきたようだな、と考えさせられました。そういうわけで結果としては、「あれも、これも」受け入れるという彼の考えと重なっているようです。

ともかく私たちは、多方面にわたる多彩な「きたやまおさむの歌」によって、自分の人生でのさまざまな想いを——意識的、あるいは無意識のうちに——刺激されながら、自分で好きなように、自分なりに彼の歌を楽しんでいるのでしょう。北山修は、治療者として臨床的に人生の現実をみつめ、いっぽうでは「きたやまおさむ」として、豊かなイメージを言葉としてきた作詞家です。そうした現実と夢想《イメージ》という二つの領域を、同時に複眼視しながら、多くの歌が作られてきたものでしょう。そこで生まれてきた歌は、たとえこの世の空しさや、はかなさという「無」が歌われていたとしても、歌は歌として動かぬままに、いつまでも生き延びてゆくにちがいないと思います。

第二幕
日常的創造性の自己分析
きたやまおさむ

『夏の宵』上村松園画

起　拾い集める

思考は複数ある

二〇代前半のエッセイ『戦争を知らない子供たち』（一九七一年）には、つぎのようなことが書かれています。

「二兎を追うものは一兎をも得ずと言うが、あれも迷惑な話だ。五兎でも十兎でも追いかけるべきであって、またそれができるのではないか。そして三匹ぐらいまとめてつかまえても誰にも文句はなかろう。／ここでちょっと算数になるが、A・B・C・Dと四つの世界に手を出して、それぞれ百点満点で四十点とったとする。合計百六十点」

Aで一〇〇点というように、ひとつの分野で満点取るよりも、同時にAで六〇点、Bで七〇点取って、足して「AとB」の領域で一三〇点の方が高得点じゃないかと、真剣に思ったものです。

比較的小さい頃から、私はリラックスすると、同時にいろんなことを頭のなかに思い浮かべていました。「あれとかこれとか」と、同時に最低でも二つ考えていました。そのため、幼い頃には、学校の先生たちに「注意散漫」とよく言われ、青年期にはこの特性を「ながら族」と結びつけて考えました。「ながら族」とは、ラジオを聴きながら同時に勉強しているという、私たちの世代を形容するものでもありました。

人生は進むにつれて広い道から細い道に入っていくのが一般的とされています。世間では一つの山をきわめるのがどういうわけか偉くて、いろんな山に登ろうとするのは「まとまりが悪い」と言われたものです。

しかし「AかBか」ではなく、「AもBも」あるいは「AとかBとか」として考えるならば、充実感もあり、視野も広がります。いろんな山に登り、その複数の頂点から世界を見た方が、俯瞰《ふかん》で世界がよく見えると考え、むしろ満足すべき考え方だと納得していたのです。

それでもこの「注意のばらつき」は、受験とか試験のために何かに集中して勉強するうえでは、じつに困り物でした。『コブのない駱駝』（二〇一六年）という伝記的エッセイでも書きましたが、生来的に眼科的な問題があったのです。通常、人間には両眼から得る二つの視野があって、同時に中枢でその情報を一つに統合できるのですが、私にはこの統合に苦労するという制約がありました。目が疲れやすくて焦点が定まりにくく、両眼視が早くから苦しくなって、医学部の眼科実習で「外斜位」と診断されたのです。文字を集中的に読むことができないなら、勉強に差し支えるので手術した方がいいと、当時の眼科助教授に診断されました。そして大学時代の眼科的手術のおかげで、特定の何かに向け、視野をまとめることが可能になったのです。

ちょうどこのころ、私は精神分析と精神医学に出会い、本をたくさん読みたいという願望を抱いていたときでもありました。つまり手術により、主たる職業が精神科医で、精神療法家であるという「わたし」の自己意識に相応しい目の状態を得、さらに目の奥で二つの視野をさばいて一つに統合しようとする集中機能が強化されたのだと思います。内なる願望と外なる装置が一致したというわけです。ただ他方で、眼のさらに奥の方には、注意が揺れて振れるという動きがあることを自覚していました。

こうして「わたし」には、あれやこれやと拡散していく注意の広がりを感じながらも、同時にそれに対抗、もしくは並行して、それらを包括的にまとめあげて総合しようとするという二つの傾向が存在するのだと思います。人は、拡散傾向を「不注意」あるいは「無神経」ととらえ、後者の統合傾向を「集中」「真面目」あるいは「神経質」と呼びます。日常的には、前者は「虻蜂取らず」「一つの所に留まらない」と言われ、後者については「計画的」「しっかり計算している」「強迫的」と言われたりするのです。逸脱か社会適応か、特殊かイイ子か、そのどちらが偉いかという問いでは、価値観によって、周囲でも、そして自分のなかでも判断が揺れます。

さらにその無神経と神経質が、まとまらないとネガティブに「いい加減」だといわれますが、バランスが取れているなら「余裕ある」、そして「良い加減」であるというポジティブな評価になります。個人や世界とは左右や表裏の両面から評価されるはずのものだし、その全体についても、良い悪いの評価が分かれるというわけです。

悪いことも良いことも

言うまでもありませんが、グループのなかで似たような意見や態度を求める同調圧力は日本だけで強いわけではありません。世界中の人びとや集団が「集中」や「統合」を評価し、まとまりを価値観の上位におきます。人生では、一つを選択して道をきわめ、一つを選んで達成し、どこか目標に到着するという「求道」が高く評価されます。現実的にも、集中して注意できるほうが安全で、生産的で、価値が高い、という常識は、適応のためには仕方のないことですが、私はその価値観を幼いときから少し距離を置いて見ていました。

もちろん体験的に、注意散漫な状態では失敗しやすいということもわかるようになりました。また、読書や、習字、そしてスポーツといった、目を使って集中せねばならないことになると、すぐにいやになってしまうという癖もありました。それで疲れてボーッとしていると、もっぱら怠けていると周囲から言われました。本を読んでいても、お前は五分くらいで書物を放り出してしまうと言われ、自己嫌悪に陥ることもありました。とくに児童期は、ボールを使う競技でも皆とくらべて非常に劣っており、男の子として自己評価の悪い、自尊心の低い状態がずっと続きました。

一方では関心が広がり、視野が広くて俯瞰的にものを見ることができ、あれこれ面白いことに興味が生まれるので楽しいのですが、他方で失敗しやすいので、この状態はいけないことだともっぱら思っていました。それがやがて青年期になり自己主張が生まれ、「散漫」が外から見て価値の低いことでありながら、他方で、これはこれでいいのではないか、と二重性をはっきり肯定するようになってゆきました。

こうして、私の「無神経」と「神経質」、「集中」と「散漫」という二種の自己状態について、私の自己評価もまた二重化するのです。片方ではまずいと思いながら、他方では、これでいいじゃないか、楽じゃないかと思う。ボーッとしているのも気持ちがいいのです。人間に関心が向かいながらも、お月様にも星空にも、あるいはそこに吹いている風にも関心が向かうという、散漫な指向性について、私自身の肯定と否定もまた入れ替わるのです。

この、矛盾する自己状態と、それについての矛盾する評価というのは、皆さんにもある程度はあると思いますし、患者さんたちを診ていて、私のような人がいるということは知ってはいます。しかし、たいていの方の自己状態や自己評価は「どっちか」に偏って極端なのです。例えば少しでもケチをつけられると、途端に全体がつまらないことになってしまい、つまらないこともまたいいことだとは絶対に思えない。逆に、嫌われていると思ったら嫌われるだけになり、白か黒、大好きか大嫌いの「どっちか」なのです。

私自身はその両方だったのですが、その「どっちも」だということを、さらりと言えるようになったのは、もともとの性格もあったのでしょうが、やはり精神分析のおかげです。昔から、自分に極端な傾向の両方があるとは感じていたのですが、その全体を比較的肯定的にとらえてくれたのが精神分析だったのです。同時に、人びとはその両面性を否定的にとらえやすいので、たいてい片方を選び、「中間のない」偏った考え方になることも理解したのです。

また他の人たちを見ていると、二重性を悪いことだと経験している人たちが多く、あるいはどちらかの選択を迫る外からの圧力があるので、自我や立場の弱い方々は片方だけになってしまうのです。つまり勉強だと勉強だけになってしまう、あるいは音楽だと音楽だけになってしまう。そのような偏りを見て、私はこの自分の「散漫」と「集中」の両方を良いことのように思いながら、外では悪いと感じさせられるものだと考えていました。

例えば、私のことを強迫的だという人がいますが、それは一面的な観察です。強迫というのは、些細なことやくだらないことに関心を集め、ゴミのようなものを拾うことです。定義としては、悪いことばかりに目を向ける人のことを強迫的だというのですが、私の受信器は悪いものというよりも、むしろ良いもの、美味しいもの、面白いものを見つけようとします。醜いもの、汚いものだけに目を向ける神経質ではなく、美しいものも素晴しいものも発見するのです。もちろん、砂浜で美しい貝を拾っていたらゴミも見つかりますが、同時に泥のなかには宝石のようなものも見つかる。あるいは、醜いかたちのなかに美しいものがあることも知る。雑音のなかにこそ良い音楽があり、美しい音楽のなかにこそ興味深い雑音が混じる。

良い音と悪い音の両方を聴く耳を持っているという私の状態に、居場所を与えてこの世に位置づけてくれたのが、深層心理学の理論です。

私はどちらかというと、特に目が疲れやすいこともあって、聴く方に感受性が開かれているのですが、前田先生は見ることに感受性が開かれておられます。私は目の手術を受けたおかげで、遅くに見ることにも感受性が開かれたと思うのですが、聴くことにおいては、雑音のようなロックにもピュアなクラシック音楽にも、荒っぽい津軽三味線、あるいは鈴虫の音とかにも幅広く深い意味を感じていました。音の世界は、雑音と良い音楽が隣り合っているんだ、あるいは入り交じっているんだと思い知らされていたのです。醜い雑音や聞きづらい騒音に満ちた背景のなかでこそピュアな音楽や綺麗な音楽を聴きとるのが面白く、こういう「図と地」という両方が心理学的に居場所を得、世界が立体的になってゆきます。部分部分が緩い世界のなかでゆっくり意味づけられていくという経験から生まれた、こうした「緩い総合」の感覚が自分を良い加減なところに維持し律してくれていると思うのです。

遊びと抱えられること

好きと嫌いの両方があるという状態を精神分析ではアンビバレンスと呼びます。アンビが両方、バレンスが価値という意味で、時に「両面価値感情」と訳されるのですが、同じものに対して、好きと嫌いの両方があるというのがその定義です。

好きなものを嫌いという天の邪鬼が極端な例ですが、もともと人間本来のものとして存在する矛盾です。これがアンビバレンス・コンフリクトという、好きか嫌いかの葛藤を生じさせるのです。しかし知らず知らずの無意識の世界では、好き嫌いを両方併せ持っていて、併存させている。フロイトの夢解釈でも登場する理解なのですが、併存させ共存させたままそこに置いておくことができるのが無意識の心です。

心に両極があるという二重性には、つぎのような例を挙げることができます。正常と狂気、無意識と意識、経済原則と快楽原則、あるいは心と体、原初的なものと合理的なもの、生と死、男と女などです。こういったものを二つ併せ持っている状態が人間本来のありようだという理解があります。だから私たちは、人間でありながら動物であり、大人でありながら子どもなのですが、現実適応や現実からの要請、社会的な生産性とか良心からの要請に従い、選択したり片方を抑えつけたりして成長していく。そして抑えつけられたものについては、押し殺してしまうこともありますが、文化的に受容されるものにする「昇華」、ぶつける相手を変える「置き換え」など、さまざまな心の防衛機制を使って処理していくというのです。

芸術家を分析した時のフロイトの言葉を借りれば、芸術家の資質の一つとして、この抑圧されるべきものを意識しやすいところがあります。通常にくらべて、抑圧が粗く、抑圧の蓋がザルであるということでしょう。日本語で「お前はザルだ」と言うと、おおざっぱな人たちのことを指しますが、精神分析では、心の奥に重要なことを抱えていられない状態のことをいいます。私は自分のことを芸術家だと思ってはいませんが、自分のことを考えると、たしかに忘れっぽいし無神経だし、大事なことに気づかず、つぎのことに心が移りやすく、ザルなのです。蓋が緩く、締まりが悪く、覆いがザルというのは、総合機能が「いい加減」ということです。ザルは、自分にぴったりな表現で、こういった漏れやすい、こぼれやすいという欠陥を抱えながらも、アイデアが浮かびやすいといった良い意味があるのです。

フロイトもそうですが、一九世紀から二〇世紀にかけての成人男子においては、大人は成熟すると抑圧が強く、子どものようには遊ばないものという考えがありました。ところが二〇世紀に入って登場した精神分析家たち、特にロンドンで一九三〇〜一九六〇年代にかけて活躍したD・W・ウィニコットの理論や実践は、私にとっての救いとなりました。その新しい理論では、大人も遊ぶと考えられ、その遊びのなかでは矛盾や不合理が棚上げされ、許容されると考えたのです。実際に大人の生活であっても、野球やピアノやギターでプレイするし、周囲はCDプレイヤーやゲームのプレイヤーなど、遊びに満ちています。私にとって、神宮球場で「ジャイアンツを潰せ」と叫ぶことや、舞台で下手な歌を歌いつづけることは、まともに生きるためには欠かせない活動なのです。

殺すことも生き返ることも、現実では禁止あるいは不可能とされていますが、想像やフィクション、そして遊びのなかではあっていい。しかしたいていは人前に出せるものではなく、遊びや退行などは、現実の大人の生活ではそれが中心化することはない。性生活のプレイとか、劇場あるいは盛り場など、遊びを肯定する空間や時間は、この世の中に存在しますが、それが中心になってしまうと逸脱になり、場合によっては犯罪になってしまう。温泉場では裸になれても、路上でおこなえば捕まってしまうのです。

だから、外的現実では「自己実現」のないことがわかります。他学派では「自己実現」を治療の中心に据え、目標にする人たちがおられますが、フロイト学派の思考では現実における自己の実現はないのです。例えば「死」は生活の周辺に置かれたままでしかあり得ないし、私にとって死は特別な、「オラは死んじまった」という歌でしか実現しません。舞台の上では実現するかもしれませんが、劇場の外では簡単に実現しないのです。死やあからさまな欲望表現は、表に出ない裏にはあるものとして肯定されますが、絶対に中心化しないということを精神分析から学ぶのです。

そして私は青年期から大人になるところで、精神分析でもちょうどウィニコットが評価されていく時代に、彼の理論にロンドンにおいて出会いました。世界的にもロジェ・カイヨワとかヨハン・ホイジンガらの遊戯論が盛んになり、人間の本来の姿は遊びのなかで現れるという主張があらわれました。そういうところに光があたった時代だったからこそ、自らのことを理解してもらうという経験を重ねられたので、今はまず精神分析との人間的な出会いに感謝する次第なのです。

　こうやって、私は遊びが多く、新しいものを目ざとく見つけて、関心は精神分析のなかにも精神分析の外にも向かうのです。こういった着地点を決定しない未決定状態は、例えば小此木啓吾《おこのぎけいご》先生の言葉を借りれば「モラトリアム人間」となり、アイデンティティが定まる前の拡散状態であるとも言えます。それを、土居健郎《どいたけお》先生は甘えていると解釈し、私は遊びや退行状態だと理解していますが、こうした状態はまったく否定されるわけではなく、ともかく名前がついたことで居場所を得たように感じました。

　ただ、遊びや退行状態は無防備であり、人に守って抱えてもらわねばなりません。現実では明日のパンのことを計算し考えねばならないし、自分で自分の身を守らねばならない。遊んでいる状態のまま放り出されるなら、途端に私は不適応を起こしてしまうのです。だから、感受性や注意が広角に拡大していっても、それらをまとめながら維持できたのは、現実にこれを抱えてくれる環境のおかげなのです。

　というわけで、このような内的状態を抱えたまま、周りに見守ってもらえたことは貴重です。九州大学時代に失敗で神経質になったり、トラブルで対処に困った時も、この状態を抱えてもらえた環境があったのです。ふりかえると、一五年前、二〇年前といろんな出来事が思い出されますが、特に前田先生の部屋でいろいろと申しあげ、その「カウンセリング」で得たものが多くありました。「おかしい」ものに否定的で侵入的な人びと、あるいは足を引っ張る人は、どこにでもいるのですが、先生たちはいつも、いやいやまぁもうちょっと見てみようじゃないかと、貴重な時間と空間を与えてくださった。私はこの余裕のある「抱える環境」を抜きにして、祭りも劇場も遊びも、あるいは退行も、あり得ないと思います。

承　悩みと感動

苦しむ

ここまでの話を、読者の皆さんは、順調な人生話としてお読みになったかもしれません。しかし先ほどから、悩んで先生たちに相談したことがあるというかたちで匂わせているように、生きることには苦しみ、つまり不安と憂鬱と痛み、挫折と失敗、そして葛藤が、当然伴うのです。このようなことはなかなか公にされることもないので、周りはなかなか目を向けないのですが、それは前田先生しか知らないこともあり、この本でも具体的に語れない部分です。

　そのなかで読者の皆さんに共有していただけそうなのは、周囲の少なくない数の人たちの自死で、個人的に体験したショックが、自分でも計り知れないということです。とくに精神科医ですから救えなかったという自責の念と後悔は大きく、憂鬱は数年続く時がありました。特に加藤和彦の自死は、主治医ではありませんでしたが、九州大学との別れが重なり、喪失感は深まり、何年も酒量が増えて、私の「いい加減な自己」が露呈し、大失敗したことがあります。今でも悩むのですが、あの美意識の強い人物を「強制的に」入院させる決心が、私にはつかなかったのです。

　詳細はプライバシーに属し、私だけの話ではなくなり、家族にも友人にも世話になったし、迷惑もかけた部分です。広く語りにくいからこそ、この種のことは面接室や治療室で語られるわけです。屈折したところとか、それに伴う外傷体験があって、人生物語は都合の良いことばかりじゃないのです。苦しくて悩ましい、正直言って死んでしまいたくなることや、学校へ行きたくなかったこともあり、人間関係で裏切られて誰かのことを恨んで、それをまた恥ずかしいと感じ、今でも傷跡が疼きます。

　その一部は抽象的に言うなら、「あれかこれか」の間で引き裂かれかけたという話なのですが、もちろん、私の分裂傾向は、目という身体的な問題なのか、心の問題なのかという問いについても葛藤して悩みました。しかし、今の結論はあっさりと両方なのです。

人は他者との関係性のなかでいつも生きています。それは亡くなった方、生きている方も含む環境とともにあるのです。ロナルド・フェアバーンという英国の独立学派に所属する精神分析家の言った通りで、どんなに多くの外傷や虐待などで悪い体験を積み重ねた者でも、それを抱えてくれた環境への愛着を手放さないのです。また、いくらお世話になって、実際にいい経験があったとしても終わりや別れを伴い、そして今はどんなに反省していたとしても、未熟な時代に攻撃的になって傷つけた相手がいるのです。

どんなに恵まれた状態でいても、嫌な事柄を完全に抹殺し、脅かされたり被害的になったりする状況から逃げることはできません。私の歌に、本書では紹介できなかった『さすらい人の子守唄』という、六代桂文枝《かつらぶんし》さんが大好きな曲があります。そこに「忘れたいのさ　悪いことを」という一節がありますが、青春期のフォークソングのなかで悪い思い出に触れる歌詞はあまりないのでユニークでしょう。

ただしありがたいことに、どんなことにも嫌な意味や悪い意味がありながらも、それを独りで悩んだり、逆に紛らわすことができる空間と時間が、私の周囲にはたくさんありました。先にも述べたように、私は京都駅前で育ったので、神社仏閣の豊富なスペースや、駅裏と駅前の喧騒と物陰がそのための場所でした。

京都駅前について、最初に思い描く一群の記憶のなかで、語りやすくて象徴的なのは、進駐軍のジープを追いかけた時に投げかけた英語です。物陰に隠れてジープを待ちながら最初に暗唱した英語のフレーズが「ギブ・ミー・チョコレート」で、米国の兵士に向かい地元の子どもたちが叫んでいた言葉です。それを思い出すと、途端に親父が嫌な顔、そして怒号、寂しそうで悲しそうな顔をしていたことが連想されます。これが精神分析で言われる、私のエディプス・コンプレックスの原点であり、母親的な甘いものに飛びつこうとすると必ず禁止する父性が現れるという、三角関係のドラマなのです。逆に、愛するものを手に入れるためには邪魔な監視の目を盗まねばならないわけであり、鬼のいぬ間に洗濯するという、このシステムは、『帰って来たヨッパライ』のなかに描かれる通りなのです。

通例は無意識になっている普遍的な三角関係問題が、歌になって描かれたことが、一般への広がりをもたらしたのでしょう。つまり状況には良い側面も悪い側面もあって、良い対象と楽しくやっていても怖い神様が「そんなに甘いもんやおまへんにゃ」と言ってくる。甘やかされる体験をねえちゃんと経験しながら同時に神様が出てきて、このあほたれ出ていけと言ってくる。こういう家族的な三角関係が普遍的な深層心理だという考えが、精神分析の中核理論にあったので、私は精神分析を信用するようになり、これを専門としたのです。

人はこの三角関係に巻き込まれて、その葛藤状況を生きるしかない。私は精神分析で、これを明らかにしてもらい、言葉で理解したということが、ロンドンにおける体験の核心にあります。だからお母さんのように退行を肯定してくれるようなウィニコット理論と、父親的態度で遊びを否定するフロイト理論、このあいだでもまれることもまた、私にとって精神分析的体験そのものです。そして、こういう洞察が私の生き方そのものとなり、人間理解や患者理解の基盤となっています。

玉石混交状態に「正気でいること」

多くを先達から学びましたが、ここから私が言おうとしているところが、自分のオリジナルな部分かもしれません。それは、『帰って来たヨッパライ』で言えば、ねえちゃんと楽しくやっていても、神様に叱られるという、良い体験もあるけれど悪い体験もあるという状態を合わせて生きる時の苦痛のことです。私の歌にくりかえし描かれる「対象喪失」、つまり、良いものを執拗に追っていても、いずれそれを失うこと、あるいは、獲得を脅かす存在と出会わねばならないのです。そしてそういう状況で、逃げるか残るか、勝つか負けるか、という葛藤を味わう時、逃げないでいると、捨てる神か拾う神か、天国か地獄か、と引き裂かれながら、全体を見るなら割り切れない状態を体験するわけです。抗争で何が正しいのかわからなくなる時、災害で逃げるか留まるか迷う時、病気で生きるか死ぬかの線上を揺れ動く時、「あれかこれか」を割り切ろうとしてもなかなか考えの決着がつきません。

この拘泥の苦しさについて、私は思春期以来、ずっと関心のある「見るなの禁止」の物語を引用するのです。『鶴女房』の場合、男性主人公は美しい女性あるいは豊かな人間女性を探しているのですが、「見るな」という禁止を破った彼は、愛する人に鶴を発見します。人間の女性であって同時に鶴なので、男性は「つうがおらん」と言うわけですが、じつはそこに鶴と同時に女性はいるのです。彼には、異類の鶴しか目に入らない。しかし、目の前にあるのは、美しい彼女でありながら傷ついた鶴という玉石混交状態なのです。

この種の異類婚姻説話は世界中にあります。異類と交わる時に強調される醜さの程度には差はあるのですが、日本のそれでは男性主人公の体験として正直に描かれているわけです。また神話で、性器を焼いて亡くなった母神イザナミに会いたくて、父神イザナキが黄泉の国まで追いかけ、「見るな」という禁止を破って目撃した母神は腐敗していました。そこで、醜いもの、汚いものとして表現される、この母神像は玉石混交状態です。また、「美女と野獣」のなかで美しい王子様だけれど野獣でもあるというのは、半獣半人状態です。視覚的に表現されている見にくさ（醜さ）とは、愛するものを追いかけるのだけれど、求める良い対象に嫌いなもの、悪い体験が入り交じり、その両方が混交する状態です。

私はこの混交状態の扱いで、二面性の中途半端を強調してきましたが、一番苦しい体験とは、この両方が入り交じって統合されないままそこにある時です。「見るなの禁止」が破られると、美女が傷ついた鶴になって、醜い姿に変わり果てている。この玉石混交状態、醜い状態、汚いものとは、未だ統合されていないわけで、割り切れない多面性の状態と呼んでもいい。それは、全体として大丈夫そうでも、部分的に汚染を起こしているわけで、清潔を重んじる医学においては一番嫌われる状態です。清潔を旨とする文明や文化のなかで、特に日本人のように潔いことを尊ぶという価値観では、一番そこに置いて「正気でいること」に苦労している状態とは、不純で、生々しいものに死が入り交じる玉石混交状態でしょう。戦争や災害の時、死や病気がありふれたものとなります。そのとき私たちが見る光景を思い浮かべてもらえばわかるかもしれません。そこで生死がいっしょくたになるという見にくさが「見るな」というタブー意識を形成しやすく、これを考えにくくさせるのです。

「状況は泥沼化していった」などと言いますが、泥沼は生理的に不愉快で、反射的に嫌悪を感じさせるので、我慢する前に反射的に心が吐いてしまいます。我慢できるとすれば、強靱な包容力がなくてはなりませんが、じつは誰も我慢できないのかもしれません。国の内外で、この泥沼状態を垣間見ますが、極端な精神主義と硬直した制度で泥沼は固められ、泥は洗い流されるのです。私たちはケガレや汚染を恐れながら、潔い状態に価値を置き、高潔な秩序や階層性に憧れる。つまり、掃きだめのなかに潔白や純粋、清明を求め、鶴を探すわけです。この場合、鶴は美しい存在、ピュアな存在としてなのですが、それが傷ついているならまた鶴を追い出して、立つ鳥跡を濁さずという終わり方にする。

人びとは実際に事態を見ることができず、考えることすら難しく、頭のなかが泥沼になるのでしょう。思考を麻痺させて全面的な無神経を惹起させやすいのですが、これが清潔や秩序を追求する神経質と隣同士となっています。神経質な分類主義者はこの両面を正視することが苦痛で、何とか割り切ろうとし、昔話の男性主人公も秘密を覗いても鶴しか見えない。近年映画などで描かれる「美女と野獣」の物語の女性の主人公も、王子様か野獣かのどっちかです。あれが野獣でありながら王子様だということに気づく全体把握は、子どもにとっては当然難しく、大人にとっても、ものすごく難しい。その結果、私たちはいとも簡単に「あれか、これか」と割り切ってしまうのです。

精神分析の対象関係理論は、良いと悪いの「統合」を強調するのですが、「統合」は簡単なものではありません。どうしても鶴か人間か、蛇か人間か、生きているか死んでいるかの片方であって、その両方である状態を置いておける世界観を獲得することはじつに難しい。日本の異類婚姻説話は別れ話で終わるのであり、最後に鶴が人間だったという再会を描く物語は日本にはないのです。一九六〇年に登場した『龍の子太郎』（松谷《まつたに》みよ子《こ》）という物語は子の涙が龍にかかり、やさしいお母さんがあらわれる、ハッピーエンドですが、それは新しい考え方だと思います。今でも、マスコミでも、文化の局面や社会のいろいろな出来事でも、具体的には学校で汚い、臭い、ばい菌と呼ばれて子どもたちが苛められ排除されるところで、同じ物語がくりかえされるのです。

人間性と動物性の両方を併せ持つこともそうですが、「二足のわらじを履く」とか、中途半端、どっちつかずと言って、両方置いておける精神はなかなか維持することが難しいものです。耐えるのが難しいからこそ、慣れるという時間が必要なのだと思います。日本における汚濁に「慣れること」の重要性が私の臨床と日常にまたがるささやかな発見です。という根拠の一つは、日本人の多くが自然災害に直面して、パニックや暴動にならずに大人しくなるという、世界的にも有名な「落ち着き」のあることです。

この「落ち着き」は、いったいいつ頃から広く一般化され定着したのか正確には不明ですが、私は太平洋戦争の敗戦を経て、自らの身の程知らずや思い上がりがたいへんな失敗を招いたという反省が未だ記憶に新しいからだと思っています。日本人の杜撰《ずさん》な計画やいい加減なリーダーシップで多くの人間が亡くなったのであり、悪い意味の「いい加減さ」ゆえの失敗はいまでもくりかえされるのです。太平洋戦争はあくまで一例で、敗戦や災害の人為性を日本人は骨身に沁みて知っています。

打ち立ててきた秩序が壊れると、汚いもの、醜いものがあふれ、そして剝き出しのグチャグチャが発生すると、泥沼化し、思考は麻痺しやすい。しかし、これに日本人の大人が取り組む際の「落ち着き」や「大人しい」態度は、これからますます国際的な意味を持つのではないでしょうか。もちろん圧倒されて落ち込む人もいれば逃げ出す人もいるけれど、新幹線の安全運行を可能にし、温水洗浄便座を開発した、不潔や汚濁を思い描いて真面目に生きる日本人の落ち着きは比較的信頼できるところと思います。重要なのは簡単に諦めたり、生真面目に「潔さ」を理想化しないことでしょう。

理想は二〇一八年に話題になった「スーパーボランティア」と言われたおじいさんです。多くが頭の下がるような思いをしたけれど、あの感動はどこからくるのかというと、この醜さや汚さをこなされている能力とそれを維持する持続力でしょう。それに向かい合いながら、落ち着き、さばいて、逃げないという態度に私たちは敬意を表するし、臨床的にも私たちの基本はそうでなければならないと思う。

慣れが定着するのは時間がかかる。急いでいては解決しない。また、四の五の言っていられないのであり、黙々とやるしかない。四の五のを生きるというか、それは四であったり五であったりとかいう、虻蜂取らずで中途半端な事態について、四の五の言わずに（私は言いますが）扱うということです。

評価の分かれるところに立って、ああだ、こうだを両方、清濁併せ呑むように受け止めていくこの瞬間こそが、精神療法的プロセスにおいても人生においても、ターニングポイントだと思うのです。ここがイザナキも苦労したところであり、《与ひょう》が簡単には乗り越えられなかったこの地点に、私たちの課題があるということです。

ウィニコットはそこをサバイバル（生き残り）といい、精神分析家であるウィルフレッド・ビオンは、コンテインメント（包容力）で抱えていくという治療論を提示しています。しかし、ここは一言で言えるほど簡単なものじゃないことを私たちは知っているわけです。あの手この手で乗り越えていくのが理想としても、凡人において出現しやすい、この分類できない玉石混交や、鵺のごとき「いびつな多面性」では、一つの人間としての統合など、私にとっては、どうしてもありえません。

だから、そこにあるのはフォークルで歌った「コブのない駱駝」なのであり、周囲にバカにされる状態です。そういう割りきれない自らの「いびつな多面体」の取り扱いを、神様も苦労し、なかなか乗り越えられないものとして私は紹介し、各人の「心の消化と排出」の問題として描いて来ました（『新版・心の消化と排出』作品社、二〇一八年を参照）。

治療者としてはこれに苦労する患者さんとともに、この状態の分類不能性、分けたいけど分けられないという状態に何度もつきあって、生きてゆかねばならない。生死を分かつというところを、なかなか分けられないものとして味わって通過していくという課題であり、この分類不能状態を生きるというのは、言いかえれば「居座る夕鶴」になるということでしょう。つまり、『夕鶴』の《つう》は、傷ついた鶴か、それとも生産的な人間かと問われて、両方なのだという、わかってもらえない状態を体験し、その未分化を生き残るなら、その《与ひょう》もまた、鶴でありながら人間である者と出会うことができ、新しいエンディングが創造されるというモデルです。

生と死を二股かけて、醜い、中途半端、どっちつかず、と言われながら、人生という物語の終わりをほど良くクリエイトするという、ここが私なりの精神分析の最終的な目標の地点です。

その印象を、いい加減、つまりは「ずるい」、あるいはトリッキーと言う人もいますが、人間は見にくく（醜く）て不純なのです。「死に損ない」の二重性の処理で、人生を急激な「別れ話」ではなく、ゆっくり「そういうことなら」と別れていく、そのような最期にするための最後の課題です。

交わり、歌うこと

このように、精神分析の思考は、私なりの人生物語を紡ぎ出すためのガイドなのです。今も、私はずっと精神分析というガイドを、「私の作曲者」として得ているのであり、それは音楽に喩えるならば、歌のためのメロディが聴こえてくるところです。

私個人は歌詞を作るときにメロディがないと歌詞が生まれません。加藤和彦作曲の場合も杉田二郎作曲の場合もそうですが、作曲家たちがその声やギターで録音してくれた音源を、昔はカセット、いまはiPhoneで携えて、私は旅に出るわけです。そこで、耳でずっとメロディを聴きながら車窓から外を眺めて歌うようにしていると、やがて頭のなかに歌詞が生まれてくるのです。

メロディは一番、二番、三番とほとんど変わらないままくりかえされますが、歌詞は一番、二番、三番と毎回毎回変わります。人生にあてはめれば、一番は幼児期、二番は成人期、三番は壮年期といっていいし、老年期といってもいい。そしてあとは反復して、フェードアウトしていく。そのようなことを考えると、歌は一人の人生のようにできあがってゆきます。そして、高らかに歌い上げておいてバーンと終わる、あるいはゆっくりと終わる場合もありますが、終わりは歌の死なのです。恋愛でもそうですが、「花のように」最後に風が吹いてぱっと消えてしまう場合もあれば、ダラダラ死んでいくこともあります。

日本人は、ぱっと消える「別れ」をつい理想化しますが、それは、見ている側の、人生という劇の終焉についての思いからくるものでしょう。観客は主人公が急に消えるように感じていますが、多くの場合、実人生は死ぬまでダラダラとどこかで続いている。表舞台に続く、楽屋でのエンディング、土に帰るところは誰にも見えないのであり、そこではもう音楽は聞こえないはずです。

さて、変わらぬメロディを誰かに提供してもらうなら、私はそのメロディに沿って歌を創造し歌えるのです。私たちが創造できると言っても、歌詞だけなのかもしれない。要するに、ガイドとしてのメロディが変わらないかぎり、歌は大きくは変わらないのです。

私も、歌を作りながら、自分で実際にギターを弾きながら歌ってみます。ただ歌うだけでも人は普段の状態とは変わりますが、他人の作ったメロディであっても、それに身を任せて歌ってみるなら、私の参加でメロディすらも少し変わるのです。さらには、作曲者の思いや人柄が乗り移ってきて一体化し、それと混じり合いながら私自身までが大きく変わることがある。そして、歌い上げると言うように、歌には快適なピークがあります。メロディに乗って行けば、盛り上がるところに喜びがある。そのような快感に向かう途中で、作詞家は曲と交わって詞を書き直し、やり直し、歌い直すのです。声がかすれ歌が途切れたりして、リズムが多少狂うなら、曲調が変わる。もちろん伴奏に乗せられて、頂点まで上り詰めたら、歌詞そのものが勢いで変わる。低くはじめた歌を、オクターブ上げて歌えば、これがまた別の歌になる。その結果、自分のパーソナリティーとしての「人」が前とは少し変わっているというようなこともあります。

歌の話題から離れますが、文化人類学者が現地に行って調査する際に、現地で案内してくれるガイドたちの役割も興味深いです。彼らが、見知らぬ土地を行く冒険においては必要な役割を果たしており、それとの交わりが探検の成果を決定してしまうのです。ヒマラヤへ行くと有名な「シェルパ」と呼ばれるガイドを務めている人びとがいらっしゃるのですが、その友情と信頼を伴う交流に私は憧れました。昔から私は、現地の通訳や案内の仕事で、お客さんたちが来て、迎える側がガイドを務めては送り返し、体験や思い出を作るという仕事に関心があったのです。

小学校から中学校にかけて、私にとっての憧れは国際連盟事務次長なども務めた新渡戸《にとべ》稲造《いなぞう》でした。国交、つまり国と国が交渉する際に現地で交渉する、あるいはお膳立てしてくれる外交官が国際政治では重要です。先の大戦時、外を見る優秀な外交官がいたのに、このガイドたちの言うことを聞かない軍部が日本を暴走させ、戦争を泥沼へと突入させ継続したことについて、戦争末期の駐ソ大使佐藤尚武《さとうなおたけ》は「あまりにも外交を軽侮」と指摘しました。

優秀なガイドは現地の交流の専門家であり、彼らを信頼し交流することで、相手を知り、状況を把握し、この交わりにより、私たちも少し変わるのです。この第二幕の起承転結の起で強調しましたけれど、私の創造性が誰のおかげかというと、答えはやはり私の遊びを抱えてくれるパートナーたちのおかげです。

ふりかえると精神分析の論客から私が言葉を得るように、同時に作曲家のおかげで私の作詞家としての言葉が綴られていったことを考えるなら、ほんとうに多くのガイドに出会って交流してきました。時にはそこに強烈な快感が伴い、創作や演奏の際の交わりはセックスのようであり、誕生する思い出や作品は子どものようです。他者との深い交流や混交を公の場で象徴的におこなうことや、この「いい加減」な比喩には、人の軽蔑をかうところがあり、それであまり語られていないわけです。

面白いこと

ガイドを得て山歩きをする時、登る私は第一者であり、これを引率するガイドが第二者です。その時、第三者とは、その山という体験領域、発見する場、冒険する世界かもしれません。しかし、劇場の比喩でいうなら、私は出演者で、ガイドは演出家、そして第三者は劇場の観客と言えます。劇場においては、「面白い」という感動が引き起こされるのですが、劇場の関係者にはこの面白いことへの関心は強く共有されています。

柳田國男《やなぎたくにお》の論考で「面白い」という言葉の起源が語られていますが、私がよく引用するように、「面白い」というのは「面《おもて》が白くなる」、つまり火を囲んで人びとが集まって話を聞いているなかで、話が面白いと皆の顔が火に照らされて白く映るというわけです。うつむいていた「みんな」の顔が上がってこちらを向くことだと私はイメージしています。舞台でウケた時でも、講演、授業でも、そして患者さんの相手をしている時でも皆そうであり、相手の顔がこちらに向いて顔が白くなるという現象はよくわかるのです。日本人が会話で示す頷《うなず》きは、話し手の話を受容しているというメッセージであり、受け手の私たちは送り手に対して頷いてあげるという「面白い」文化を共有しています。

外国人と喋るときも、それはそれで受容と肯定のメッセージを送っていますが、当然日本のようには起きにくい。日本人は話し手に対し首を縦に振りやすいことが文化的な特徴として得られますが、これでポジティブなフィードバックを互いにはっきりと伝えあうのです。まったく表情を変えなかったりする文化も当然あるだろうし、ブーイングと言ってネガティブフィードバックに積極的に参加する文化もあるようです。日本人が会話でユニークなのはポジティブフィードバックを求め、これを積極的にしてあげようとする同調的な文化があるところです。つまり、聴衆という第三者が第二者になりやすい。そしてこの第二者が受け手として面白いと思って顔を上げてくれることを期待して、私は話しています。

ゆえに、第二者の納得、第二者の感動が私にとって重要になります。私は当然の如く、第二者の頷きとか第二者の興味とか第二者の視線、そして面白がってくれることを、大事に感じている文化の住人です。舞台に上がる人間にとって、この聴衆のなかの「あなた」は大事だと思うし、皆さん、それを経験していると思う。「みんな」という聴衆のなかに、知っている「あなた」を探し、その人がウケてくれたかどうかを気にする、こうした交流は一般の話し手にもクリエイターという人にも当然起こるでしょう。第三者、あるいは「みんな」に公開して、第三者が喜んでくれることを狙って物をつくるのではなく、第二者が私的に喜んでくれることを意識して物をつくっているのです。

この感覚は特に素人クリエイターにとって、そして人生という創作においては、大事だと思うので、これを二者的感動として区別してみます。これに対して「みんな」を喜ばせることを三者的感動と言い、もし一者的感動というのがあるなら独りよがりの感動を含むものでしょう。感動する第二者を得ることは、さっき申し上げた優れたガイドを得ることにも似ており、私は誰のために歌っているのか、誰のために作詞をするのかというと、明らかに私は第三者よりも作曲者という第二者に向けてなのです。

例えばこの本でもそうですが、前田先生がこの本を面白がってくれないかぎりは、この本をつくっても私の感動はないわけです。共著という方式で、先生がコメントしてくださって私が反応し、またそれに先生が反応される。この二者的交流がまず成立し、音楽や映画の話をし、先生と遊ぶような仲になったのは、互いに二者的感動を求めていたからです。先生に教えてあげたいものを私が見つけてお送りするということや、先生が面白がっているものを私に見せてくださるということ。これは決して第三者の評価を求めておこなわれているものではなかったと考えます。もちろんこのような本になって、読者という第三者が評価してくれるなら、もっと面白いことになるとは思うのですが、それだけではないのです。むしろ逆に、第三者に評価されることを意識するなら、なんだか感動が薄れていくことすらある。私たちは、じつはこの内輪の私的感動を何よりも大事にしているのではないでしょうか。

そもそも私たち二人は、このやりとりが本になることを期待して三〇年間おつき合いしてきたわけではありません。この本が「面白い」とすれば、その原点は二者的感動にあると私は思います。これは独りよがりな主張ではなく、私の多くの曲がそうだったのですが、加藤和彦が面白がるから私たちは面白いものを創造したのです。作曲者がこうだから作詞者はああだと応えるのです。中村八大《なかむらはちだい》と永六輔の時もそうだったし、ジョン・レノンとポール・マッカートニーもそうだったと思う。

パートナーが喜んでくれるからこちらも感動する、その感動のなかでやがてそれが第三者も喜んでくれることへと繋がる「子供の誕生」があって、第三者がそれを拾い上げてくれるなら作品として残る。このように、二人の面白さが世界中に広まっていくという例があちこちにあるはずです。

そういう創造のための第二者、つまりガイドになるのは、精神療法の関係でもそうだと思います。聞き手としての重要性には、第一者が感じていることを第二者として理解するというかたちで第二者が参加し、そしてやがてこれが第三者の評価に繋がってゆくという順番がある。私たち精神科医、クリニカル・サイコロジストはどっちかというと、この第二者、それも職業的第二者です。ヘルパーさんとか看護師さんとか、世の中の援助職はこういう第二者になることを仕事にしている。治療や援助では、決してそれで社会的に評価が上がることを目標におこなっているわけではない。特にボランティアの場合は、ニードを見つけて目の前の誰かを助けることが面白いのであって、決して第三者の評価や不特定多数の人たちを喜ばせることが目標なのではない。顔見知りを喜ばせる、内輪褒めや楽屋落ちという内輪体験とは、個人が「創造的に生きること」にとってはきわめて重要な目標だと思う。

もちろん、内輪の評価とか楽屋落ちを、いい加減な公私混同だと否定する人たちがいます。たいていそれは数字が上がらず生産性も上がらなかったりするからですが、この数字の議論では、儲かる儲からないが、よくある第三者的な評価なのです。しかし、やはり画家を発見するのは画商の感動であるし、作家を最初に見つけるのは編集者の感動です。

私が注目している「アール・ブリュット」、障害者アートの世界もそうです。作品を発見する、最初の人は、たいていお母さんやお父さんだったりする。この世の中の「みんな」は、その作品がそこに存在することすら知らないし、作家も、第三者の評価なんか知ったこっちゃないというケースがほとんどです。しかし、この第二者が感動するために作家がものをつくるという私的創造のプロセスが、否定的に扱われることが多いと私は思います。

私の作品が皆さんに評価されることがあったなら、大事なのはこの私と皆さんのあいだを取り持ってくれた人、それは本ならば編集者、レコードならディレクター、あるいは学会活動であったら大学の指導教員や同僚です。やはり作品が世に出る前の、目の前にいる、あの人を喜ばせてやりたいと思うことが大きな動きを作っている。あの人に向けて、こんな面白いことがあったと伝えたい、この相手こそが私の重要視している第一者です。詳しい症例のことは申し上げられませんが、こういうことが仕事となったのが、人生における創造性を大事にする精神療法だと思うのですが、私たちがそういう創造の受け手として第二者になることは大事でしょう。その存在は創造的な人生には欠かせないし、私もまた良いガイドに恵まれ評価を任せたからこそ、少しはクリエイティブな人間で在り得たと思うのです。

一者的感動

こうやって書いてきて、この私の創造に何かオリジナリティが残っているだろうかという疑いの念がふつふつと生じてきます。たしかにこの創造性の自己分析のすべてが、他者のおかげだった、そして精神医学や精神分析のおかげだったのだと思います。さらに言うなら、例えば、フロイトの精神分析の原点もまた、ドイツの文芸評論家、ルートヴィヒ・ベルネの『三日間で創造的な作家になる方法』という本に書いてあるところなのです。そこを紹介しておきます。

「数枚の紙をとって、三日間続けざまに、作りごとや偽善を交えずにあなたの頭の中に浮かんでくることを、何から何まで書き留めなさい」

これが精神分析の自由連想という、無意識に至る方法として技法化されたのです。ですから、ここで私の言っていることはけっして新しくはありません。だから、私という原石があって、この原石に何かオリジナリティとか、私自身にしかこの世界に持ち込めなかったと思われるものがあるのか、という疑問が湧いてきます。

ただ言えるのは、一者的な感動として、私自身が面白いと思う体験こそが出発地点ですね。じつはこうやってワープロで、テープ起こしをしたものをいじっていると、時々自分の言っていることや思いついたことを、読んで面白がっている自分がいるのです。これは面白いとか、あれは面白いとか、これは発見だぞとか、今日こうやって書いている時にも、自身だけの喜びがあるのです。ウィニコットに飛びついたとか、アール・ブリュットが面白いとか、あるいは『夕鶴』を見つけてきて「これだ！」と思う時の、私自身が目ざとく見つけたこと、ここに何か眼力とか、目利きとか言うほどのものではないにしても、大きな「独りよがり」の感動が私の側にある。

また比喩になりますが、地上から地下をモニターして、地下鉱脈あるいは石油を見つけたと思う瞬間があります。単にぼうっと見ているのではなく、深部にズシとくるという一者的感動がまずあります。それは何よりも、最初は私が思いついて面白がるという、独りよがりからはじまるのです。それで、「これはどうなっているんだ？」「これはなんなんだ？」と問いかけて掘ってゆくうちに、心の底に忘れられた、あの沼が広がっていたという発掘と発見があるのです。これはクリエイターが「空から落ちてくる」という言い方をする時のことであり、ある先生は「プレグナント」（孕まれている）と思い、ここから取り出したら良い子が生まれるという感じになるところでしょう。内科の医師が聴診・打診をくりかえしていて、体の深部に何か大事なことがあると思う時の読み、発見に通じる見方です。

「われ、発見せり」

山師のような発見の才覚の内実は、これ以上は私にはわからないのですが、感動的体験としては確実にあります。秘密の地下水を偶然に見つけて、その後また別の水源に至るという時の、この最初の「心当たり」がどこから来るのか、これ以上はなかなか解説できないところなのです。完全主義的な読者には不満が残るところかもしれませんが、ここで、読者である「あなた」には、しばしこのわかったようでわからない浮遊感を我慢していただきたいと感じているのです。

記号と意味の沼

わかったようで、わからない、それは自分のことについてもそうです。私が私の顔を直接には見ることができないのと同じように、私が私の心を見ることができないという原理的な限界に出会うのです。

進退これきわまれり、ということになりかけるのですが、心にはもう一つ方法が残されています。わからないものにぶつかっても、わからないままそこにいることです。あえて言うなら、五里霧中で、わからなくなってしまうことです。これは本なので活字、あるいは文字が優位で、当然の使命としてわかったようなことを書いてきましたが、書いているうちに、わかろうとする思考は、どこかでさらに「いい加減」になってしまいます。

心細くなり、不満で、怒り、あるいは「ええ加減にせえ」と、爪を立てて唸ることもあります。でも、ここが意味のぬかるみです。意味がなくなる。一つのものにいろんな意味があるとか、意味が曖昧とか、物事の多面性とか二重性とかいうのも「わかる」のですが、この把握の仕方にも限界があるのです。

かつてこの状態で、バカな私は強く不安になりました。そして脇を見るなら、頭のいい人たちは、割り切れない事態を、ふたたび意味あるかたちで切り取り、割り切ってゆかれるのです。

しかしここで立ち止まる私にとって重要なことは、意味の見つからない時の沼地の存在を認めることでした。記号が意味を持つという、考え方の前提は、すべてに当てはまるわけではなく、逆に特定の意味に結びつかないこともあるのです。無意味もまたあるのではないか。こう考える私は、私自身の特性について気づくのですが、意味のない状態を大切にして扱う記号優位性というものが個性的に存在していることを知るのです。むしろ、虚しいとは言うが、私にはこういう無意味な事態を求めており、さらには無意味な沼地を自分でつくっているようなところがあるのです。

記号優位性とは、今ライプツィヒにいる小林敏明《こばやしとしあき》という哲学者が私について言ったことなのですが、記号の理論には記号をシニフィアン（仏：signifiant）とシニフィエ（仏：signifié）とに分ける考え方があります。英語では、シグニファイア（signifier）とシグニファイド（signified）といいます。その観点から見ると、記号（サイン）は、意味するものと意味されるもの、あるいは記号と意味というもので成立していることになるのです。そのどちらなのかと比較するなら、私はシニフィアン、つまり記号優位なのであり、記号が何かを意味するという場合の、その意味に従って言葉を喋るというよりも、むしろそれに従わず、記号が意味から解放されて一人歩きするところを楽しむ傾向があるのです。

たとえば面白いことに、「意味するもの」と言っても、日本語では「意味する記号」と「意味する意味」、つまりシグニファイア（signifier）とシグニファイド（signified）の両方を意味してしまうのです。「ドッグは犬を意味する」と言う場合に、「犬を意味するドッグ」と「ドッグが意味する犬」という具合に「意味するもの」が二通りある。このちょっとした混乱を、私はここぞとばかりに楽しむ。だから、私はどうも記号優位、シグニファイア優位で、音遊びや語呂合わせが大好きだということになるのです。「隣に大きな塀が建った。へえ」という言葉遊びや語呂合わせを喜び、阿修羅像のように一つの頭が三つの顔を持っているという記号のあり方こそが、それが何を意味するかという意味の問いよりも面白いのです。

おそらく私の頭では、一つの記号と特別な意味とがしっかりと結びついていないのでしょう。結びつきが緩いので、疲れると私は金額をまちがえたり、字をまちがえたりします。「渋滞」を「ていたい」と読んだりして、渋滞と停滞の混同があります。今だからこそ告白するのですが、また、近しい方々には気づかれているのですが、記号がはっきりと何かに結びついておらず、良く言うなら、記号が意味から自由なのでしょう。喋る場合も、一〇〇円と言いたくても一〇〇〇円と言ったりする。これは穿《うが》った見方をするなら、あれやこれやの意味と強く結びつく記号に嫉妬して、その関係を引き裂いているのかもしれません。

『帰って来たヨッパライ』で「おらは死んじまっただ　おらは死んじまっただ」と、同じ言葉が反復されるところがありますね。一行目の「おらは死んじまっただ」は不気味な意味があっても、二行目の「おらは死んじまっただ」では意味が深刻化せず、むしろ軽く無意味になって、瞬時に悲劇が喜劇になるのです。「はい」も一度言うより「はいはい」と二度言うと茶化すことになる。おそらく言葉が、表音文字のように意味との結びつきが緩くなって、そしてときにほどけてしまうのでしょう。

逆に、日本語は意味と結びつきが強すぎて不自由になることがあります。結婚式では「別れる」という言葉は使うなとか、受験生には「落ちる」と言うなとか、意味に恐怖し、囚われ縛られることがあります。その不自由が私の軽い怒りを惹起するのも当然だと思うことがありますが、他方で日本語は意味と記号の間が緩く、多義的であるからこそ、じつは「どれでもいい」という感じになって急に緩むのです。マザーグースの歌で

「ロンドン橋落ちた、落ちた、落ちた。ロンドン橋落ちた、落ちた、落ちた」と言っていたら、ロンドン橋が落ちたという深刻な悲劇があっという間に喜劇になる現象も、また愉快なのです。

こうして、私は、意味と記号の間の常識的な繋がりを破壊して、明らかに爽快感を味わっています。ある文字が一つの意味を確実に持っているとか、あるいはある文字は特定の読まれ方をするとかという、この一つの記号と一つの意味や音との固い繋がりを破壊して、一瞬ズラしたり解放したりするのです。しかし、記号と意味がズレまくって、めちゃくちゃな横滑りをしているわけではないのです。例えば、昔、上方漫才で、南都雄二《なんとゆうじ》というミヤコ蝶々《ちょうちょう》の相方がいました。南都雄二という記号が「何という字なんだ？」と問いかける疑問形になることに興味があって、それがきっとあの人の名付けの由来なのだと思いましたが、真相はわかりません。

こういう傾向で時に大きな恥はかいていますが、大きな支障や苦しみのない範囲で、記号優位の体験が私には起きます。これが生活に支障のあるところまでゆくと、それが病理です。しかし、自分で破壊し、つなぎ直すので困ることになるのですが、他方で自由や創造を楽しんでいるのでやめられない。こうして、今ここで使う「雄二」「自由」、そして「緩い」の「ゆ」は、「愉快」「遊戯」「余裕」の「ゆ」であり、日本語における「許され緩む」感覚の在り処を指し示し、この「ぬるま湯」、つまり緩い環境のなかで、「いい加減な私」がさらに顕在化すると言えましょう。

おそらく世の中には、記号優位と意味優位の人が二種類いるのでしょう。記号優位の人はどちらかというと統合失調症的で、意味に囚われる人は、どちらかというとうつ病的なのであり、後者の病理では意味に囚われてしまってそこから逃げられないのですね。記号優位の私は、一つの記号が一つの意味を伴っているという執着がないのですが、この「いい加減さ」は、その自由のおかげで、言い間違いという不便が伴います。無意味は虚無を生み出し、笑えるなら楽しいけど、行き過ぎると困ったことになる。そういう楽しみと困った感じの間を揺れて、当然言い間違いや読み間違いの場合は修正しなければという反省意識も伴うことになるのですが、それでもまた間違えるのです。

よく覚えているのですが、「一家言（いっかげん）」を「いっかごん」と読み間違えて前田先生に修正されたことがあります。「時期尚早《しょうそう》」を「時期そうしょう」、つまり「早《そう》尚《しょう》」と言ってもいいように感じています。また、文字がよく見えていないことが多いので、読み間違いが起きやすいということもあります。

それで、頭では時期尚早だったり時期早尚だったりするのですが、むしろ面白いと感じながらも、内心恥ずかしい思いをして、何とかしようともするのです。私のなかには記号や意味がほどけて溶け合うプールが存在しているのですが、病的に逸脱してもいないわけで、ここで、私は遊んでいると言えるのです。そういうことが、言葉のクリエイターには起きやすいのでしょう。つまり、記号と意味の間の繋がりを緩め、分解し、できてしまった言葉の沼をかき回していると、また繋ぎ目が現れて、新しい表現を生み出すことになる。

「良い加減」な循環――神経質と無神経

困っていることがあるとは言え、同時にそれを楽しんでいるからこそ止まらない。そして、注意していれば、それなりに修正されるので、私の余裕となる。言い間違いは、前田先生とこうやって話してまた直してもらえればいいし、書き間違いは編集者に気がついてもらえれば恥をかかなくてすむ。私は子ども時代に『キングコング』という映画を観て、あの巨大なゴリラはニューヨークに行けばいるのだとどこかで思っていた。ところがニューヨークにはじめて行ったとき、それが動物園にいないことに直面して失望するわけですが、本気で信じていたかというと、本気では信じていなかったとも思う。

イルという嘘とイナイというほんとうが両立する、これが両面や重複の領域、つまり「両立領域」じゃないでしょうか。人形浄瑠璃の近松門左衛門《ちかまつもんざえもん》の言う虚実皮膜は、現実適応のために修正しなければいけないというほどの領域ではないのです。おかげさまで私はこの矛盾する原則が緩く共存する領域を、人よりも広大に持っていると思います。例えば、私が財布をなくしやすいのは困ったことでも、例えば財布に紐をつけてズボンに結びつけるようにすれば、私は財布をなくさなくなる。そしてそのおかげで、忘れやすいという問題が解決し、財布の心配という神経質と、忘れやすいという無神経が両立して、探し物で費やされていた多くのエネルギーを回収できるのです。

また、むかし前田先生にお話ししたと思うのですが、私は四〇代になるまで、雲の上を歩いている微かな白昼夢がありました。今はもう確実に消えてしまいましたが、三〇代は空想でよく雲の上を歩いていました。だからずっと、雲の上を歩いて大地を空から俯瞰しているような自分を感じていました。現実感と空想が両立する「Aプラス B」の領域ですね。これが精神分析でいうところの「観察自我」あるいは「第三者性」、自分のことを観察する視点ですが、多くの舞台人やスポーツ選手が言うように、私もまた舞台に上がると、演出家のように上から見ている自分のいることを感じることがあります。またこれが、大人になって強化されたと言えます。

上から見下ろせるというのは万能感でもあるでしょうが、そのことについて私はそんなに困っていないのです。現実的には雲の上を歩けないというのは知っていますから、これは幻想を生きていながら、現実にはそうではない、という「現実プラス空想」の両立する領域で、遊んでいるといえば遊んでいたのです。このような自分という演出家のいる劇場のおかげで、現実適応や、ルールに従うという遵法《じゅんぽう》意識が少しだけ猶予《ゆうよ》されている空間が、私のなかに確実にあります。そして、そこに矛盾や逆説を両立させて置いておくと、やがて叱られずに矛盾意識が霧散することがあるというわけです。これを「鬼の居ぬ間」と呼んでいいでしょう。

じつは、白か黒かに割り切れなくて世界や自分が矛盾しているという感覚は、対象を嫌悪することや自己嫌悪に転化しやすいのですが、その苦痛や悩みは、白黒が「両立する領域」に置いておいたらやがて解消し、たまにはそこから何か新しいものが生まれることがあります。そこでは、人間でありながら魚である人魚、女であり鳥で獣のスフィンクス、日本の鵺《ぬえ》や鶴女房が退去しないで確実に生き延びていくのです。そこでの彼女らや彼らは、そんなに人や私に迷惑をかける存在ではなく、怖いこともあるが、むしろ面白い。

ところがこれを、ゴミやゴキブリのような無用の存在として見るなら、神経質になってチェックしなければならず、強迫的と呼ばれるものになる。私の同僚の精神科医には、強迫的だと言われるのですが、一方で私の家人は私の弱点をつかまえて、お前は忘れ物が多くて無神経だという。しょっちゅう財布を忘れる、眼鏡を忘れる、クレジットカードがなくなり、免許証がなくなるので、これを気にしないのは無神経だというのです。私は、免許許証をひと月の間に三回くらいなくして、そのたびに再交付に行っていたら最後は係官に、免許証を売っているのじゃないかと言われました。その直後に、九州大学にはじめて赴任した時に九大の山の家がある筋湯温泉へ行ったら、脱衣場で今度は財布ごと盗まれました。

こうして、旅好きなのだけれど、特に旅の間で物を忘れる。忘れるから注意深くなり、注意するとまた他が抜けるという交替が起こるわけです。そうしていると、移動中が危険なので、これに対処するために、大事なものは体に結びつけるという、創造的な工夫が誕生します。昔の海外旅行のガイド本に、危険な寝台車に泊まったら荷物を全部体にくくりつけるようにと書いてあったのを読んで、我が意を得たりと膝を叩いたことがありました。家人も言うので、特に夜行列車では、寝る前に紐で荷物を全部体にくくりつけて寝ましたが、それと同じようなことを私は人生の旅でいっぱいやっているのだと思います。

じつは、この散逸する思考をつなぐ備忘録が本の目次になるのであり、備忘録だけで本ができるようです。だから無神経な思考とそれを結びつける紐、散漫な注意と神経質な記録、その間に「良い加減」な循環が生まれて、これをくりかえしていたら、また作品になるというわけで、これが私の生きるための個性的で独創的な心の仕掛けなのです。

「いい加減」は「良い加減」

それでまた私の個性的仕掛けの一つなのですが、そうやって神経質と無神経のくりかえしをこなせるようになると、適当なところでやめられるようになったのです。だから完全主義者ではなく、「いい加減な」完全主義者であり、ことに中途半端な仕上げが意外な特徴です。私の著作について、常識的な同僚や、文学の友人には、どうしてもう少し熟成させて言葉にしないのかと助言されることもあるのですが、それでは完全すぎるように感じてしまうのです。私自身の「考えている最中の思考」はいつも「いびつな多面体」なのであり、磨き上げられ洗練されたものは完成度が高くても非人間的であり、私には馴染まないのです。

フォークソングのフォーキッシュなところ、つまり民衆性とは、中途半端で、どっちつかずで、生半可な、未完成な状態にあり、それこそがライブで人間的なのです。私の芸術の好みはポップスや通俗的なものにあり、多くの同僚の価値観と違い、高級芸術ではなく大衆芸術となるわけです。

例えば私はいろんなものを集めています。曲を集めたり、異類婚姻説話のお話を集めたり、浮世絵を収集したりしています。精神分析の世界でもウィニコットに関わるものを集めているのはよく知られています。しかし、集めているのだけど、コレクションは完璧ではなく、中途半端なところでやめる。どっちつかずという状態で、また次に移動していく。この中途半端とかどっちつかずとか、あるいはどっちもどっちというか、ほどよいところ、それは、「ほど悪い」ところと言ってもいいのですが、そこが正直、好きなのです。だから、完璧じゃないところで中断して諦められるのです。それは普通に飽きてくるところだと言われるかもしれないのですが、むしろさようなら（そういうことなら）といって、お暇《いとま》できるのです。

私は海外旅行が大好きだったのですが、老いて危険を感じるので、こんなものだろうと思って、もう長旅は諦めました。また、地球の裏側に行くと時差ボケがひどくて、睡眠導入剤で調整しないと海外にはゆけません。それでも、このいいところでやめることを、飽きてきたのだという言葉で括られてしまうと、なんか対象に対して悪い感じがするのです。むしろ、対象の良い面を評価しながらも、ほどよいところで満足できると言うべきでしょう。適当、これも私の個性かもしれません。つまり「日曜芸術家」にありがちの、一〇〇パーセントの完璧主義ではないところです。私は人よりはこだわりが強いのですが、皆、中途半端で、適当なところで終わります。

野球のファンであることについても、神宮球場に出かけるのも、とても好きだったのですが、老いて疲れやすくなって随分と減りました。九州大学時代にジムに行って泳いでいたこともそうですが、一生懸命凝るのですが割と適当なところでやめます。体に悪いということがあると、あるいはもうそこに行けなくなる事情があるなら、あっさりやめ、別のかたちで続けます。このどっちつかずでも、あやふやでも「さようなら」とやめられることも、散漫な注意や思考の自由を維持するためにも重要です。飽きっぽくて、目移りがするというのでもなく、適当にこだわり、それでも適当に流してゆくというわけです。「あれかこれか」「あれもこれも」というのではなく、「あれとか、これとか」と生きてゆくのです。半分ビョーキですが、半分健康と言えて、まさに両方なのです。

自分で良い加減に理解するしかない

もちろん、私のような生き方について評価しない人、嫌いな人たちもいます。逆に理想的な状態だと褒めあげられ、祭り上げられることもありましたが、また幻滅されて地に落とされることもある。ゆえに私のサークル内にあっては、これがポジティブな評価の場合も、ネガティブな感想の場合もあるのです。上げたり下げたりされるので、私もこういう白黒をつけたがる人たちについて適当な理解を持たないと、時に切り刻まれたり振り回されたりしてしまいます。

私たち精神科医も、人間関係をもって生きており、人間関係のなかで生まれる病理の専門家ですから、そこの抗争に自分が巻き込まれはしても、理解はできるはずです。第三者的に関与する場合は、理解できるうえにうまく取り扱えるかもしれませんが、もちろん当事者になった場合は、直接の扱いは難しくなります。しかしいずれにせよ、多くの批判は、「木ばかり見て森を見ない」という観点から、理解可能なのです。

心の専門家ですから、日常でも専門家として、仲間の性格や言動を診断し、批判的にコメントすることは当然です。ですから、専門家集団にいて、もまれることで、私たちをいろんな意味で鍛えてくれます。もちろん、私の場合も不完全であり、欠点もあるわけですから、悪い面もあればいいところもあるのです。「出る杭は打たれる」という競争社会ですから、時にはやっかみや嫉妬のようなかたちで鋭いツッコミをいれられます。それで私も考えさせられたり、つまずいたりするのですが、ここで深層心理学が生きてくるのです。

まず必要な認識は、自分を愛してくれる人は、数人でじゅうぶんだということであり、皆に愛されるのは無理だということです。なぜなら物事は両面あり、一つの面を愛してくれている人も他の面では憎むことがあるからです。あれもあるし、これもある、こういう総合した認識から、私たちの日常の観察と理解ははじまります。

そして、愛すべき好奇心や創造性に冷水をかける心理には、木を見て森を見ないという傾向が特徴的です。つまり多くの人たちは良い面は無視し、欠点だけを見て言うのですが、それこそ木を見て森を見ていません。『夕鶴』のなかで、《つう》が鶴だと疑われるうえで重要な役割を果たす、欲張りな《運《うん》ず》と《惣《そう》ど》が登場しますが、彼らは反物を織ってくれる嫁を手にいれた《与ひょう》が羨ましいのかもしれません。そこでは、反物だけ、金だけしか見えないのです。

　私のことにひきつけていえば、片方には私のことを神経質だと言い、片方にはお前は無神経だと言っている人たちがいます。これを抱えて幅広く見ていると、ああだ、こうだという人とは、あれか、これかしか言わないのであり、ああでもあり、これでもあるという両面的で包括的な理解は、自分でやるしかないのです。

　家族にとっては私が財布をなくし、鍵を失うのはたいへんな欠点ですから、家人の一大事です。でも、仲間にしてみれば、神経質であるところは私の神経症だというわけで、職業的に彼らにとって目につくところです。つまり、彼らは同じものの片面を言っているのであり、右に忘れっぽいと言う人がいて、左に先生は神経質だと言う人がいて、真実は両方であり、葛藤や分裂の問題はその両面がうまく総合されていないことです。

　木を見て森を見ない。これは私自身が抱えている問題なのです。高いところから見るなら、人からの欠点の指摘は、考え直すべき私への助言でもあるわけで、私がこれを悪口だというのも、木を見て森を見ないという現象の一例でしょう。スキャンダルや噂話とは皆そうであり、イジメでも村八分でも、鶴か人間かの二分法のどちらかで割り切ろうとする。でも実際は、人は鶴でありながら人間なのです。また、二つの面があると、今度は鶴になったり人間になったりして、どちらも合わせてカメレオンみたいだと言って騒がれます。

人は一つに焦点づけるものであり、特別な部分だけを見るものだとわかるのですが、自然の凸凹のままに、「いびつな多面体」としての全体はなかなか見てくれません。人の理解はあれか、これかになり、凸凹のあれでもあり、これでもあるという、全体というのはなかなか見えないのです。真実というのは全体にあるという言い方をした哲学者がいますが、おそらく人間の全体が見えるのは神様しかいません。特に日本人の場合は絶対の神がいませんので、お天道様のように、陽のあたったところしか見ないのであり、裏や影の部分は見てくれません。そして裏にスポットライトが当たると、今度はそこだけになって、また全体が見えなくなるのです。

私たちは目の前の事態の外部には出られず、神のごとき絶対的第三者にはなれないのであり、客観的に全体を見ることができないのです。そして外から見ることのできる人は、この国の住人ではなく、そこにはいないことになる。だから住人は、周囲にいる「みんな」の意見を聞いていくしかないのですが、「みんな」とは附和雷同的な第三者にすぎません。混乱状況でやはり自分を知りたければ、木ではなく森を見て、全体を見てくれる人を探すしかないのでしょう。

言いましたように、顔を映してくれる鏡、あるいは声を照らし返してくれるレコーダーは手に入るのですが、性格や心の鏡というものがないので、必要なら、視野を広げて上手に「鏡」を見つける必要があるのです。そして私の「A・B・C・Dと四つの世界に手を出して、それぞれ百点満点で四十点とったとする。合計百六十点」という一家言が思い浮かびます。木だけではなく「あれとか、これとか」と森を見ようとする自己認識は、私の「鏡」のメッセージとして、私自身を根底から支えていたのです。

テクノロジーとコンプレックスの解消

そして、人がこうしてのたうちまわっているうちに、たいへんな技術革新が起こったのです。私は習字が下手で、書くことについてコンプレックスを抱いていましたが、ワープロの登場でこの習字が下手だという劣等感があっという間に解消したのです。今や、この本もワープロで原稿を完成し、パソコンで編集し、パソコンの画面でゲラの校正をしています。コンピューターで打ち込んだ原稿を保存し、編集者に届けることで、手書き文字に関する劣等感はほとんど解消しました。メールがコミュニケーションの中心になって、もはや手書きでやりとりする必要がなくなったのです。

前田先生もワープロを早くから使いこなしておられて、わかっておられるのですが、テクノロジーが障害克服をお手伝いするということがあちこちで起こっています。一時期テクノロジーを用いて物事を克服することは価値が低いように言われていましたが、知らず知らずのうちに、私たちは機械にコンプレックスを解消してもらっています。時計がなかった時代には勘と正確な観察や推理の力で時間がわかったのでしょうが、時計ができて鈍感な人にも時間が読めるようになった。同様に、字が二重になるという困難を抱えた私も、明るくくっきりと字を映し出すパソコンの輝度調節のおかげで、正確に文字が読めて書けるようになり、自分の障害は洗い流されて、ここにいることを許されていると思うのです。

ふりかえると、テクノロジーを生かした録音技術で私の音楽活動が少しは評価されるようになったのです。松山猛と加藤和彦が組んで作った原曲を、『帰って来たヨッパライ』として自宅録音した時、我が家のテープレコーダーを早回転させて面白くしたわけです。またそれ以前に、レコードという録音媒体で京都の学生の音をそのまま持ち運んで日本中に広めたわけであり、テクノロジーのおかげで私たちは世の中と接点を持ったのです。

今、自閉症とか発達障害あるいは注意欠陥・多動性障害と呼ばれ、発達に凸凹があると考えられる障害を、部分的にパソコンなどで解決していくという試みがなされています。身体障害でも、目の問題、聴覚の問題、発話の問題にしてもかなりの程度テクノロジーで克服されている。最近の発達障害や多動児、と言われている人たちが、ネットやパソコンのテクノロジーを活用して、今までありえなかったような才能を開花させることがある。昔は「火星語」や「木星語」を喋るようだと揶揄されていた人たちが、自分の言葉を「翻訳」させるためにテクノロジーを使って、この世の言葉を喋るということがあちこちで起こっています。

これに主従関係があるとすれば、私が主であってテクノロジーが従であるとは思うのですが、テクノロジーは大いなる補聴器みたいなものです。皆さんがいつもおっしゃるように、時計がなくなると時間が読めなくなるように、その限界とリスクは自然災害の際の停電のように、起こってみないとわからないところでしょう。だからこそ、テクノロジー依存と限界を自覚しながら、また次のテクノロジーの発展に対し、心をわくわくさせながら待つ心境を、私は維持しています。

結　「どっちでもいいのかな」

祭りの最中と後の祭り

さて、そろそろ結論に入ってゆきましょう。随分と時間が経った過去を含め、いまさらながらですがふりかえってきました。ですが、過去はほんとうにもう終わってしまったことだと感じています。すべて取り返しがつかない歴史であり、ほとんど「後の祭り」です。それはもう一度、もう一度、とくりかえしてほしいといくら思っても、ただ諦めるしかない。

精神分析ではこの抑うつの痛みに耐えること、こらえることをとても重要視しています。その理由はよくわかるのです。テープレコーダーからはじまったプレイバック全盛時代には、取り返しのつかなさを味わうことはきわめて稀になってしまい、何でも再生可能だというわけですから、喪失の痛みを強調するのは当然でしょう。

私の歌『風』のなかで、そこにただ風が吹いているだけだという喪失感とは、祭りの後にかみしめるべき抑うつの心境です。今回の編集で前田先生も、第一幕の最後に『風』を持って来ることをすすめられたのは、「諦めること」がとても大事だというわけでしょう。

最近、クイーンの映画『ボヘミアン・ラプソディ』を見て、最後の二一分間おいおいと声をあげて泣きました。でも私が強調したいのは、私は陰だけではなくやっぱり陽でもあるし、マニック（躁的）です。うちの精神科医の娘は私のことを「ヒポマニック（軽躁的）」だと言います。それは正しい理解だと思いますし、その上昇傾向のおかげで、悲しみからの回復力もあります。そこで私は身をもって、まずは祭りがないと「祭りの後」もないということと、祭りの準備と祭りのエクスタシーのなかでこそ、人が変わりはじめることも強調しておきたいと思うのです。コンサートでの遊びや跳躍がないと、大地に叩きつけられる体験も喪失もないからです。

遊びにおける跳躍というのは、柳に飛びつく蛙のジャンプみたいなもので、やっぱり柳に飛びつこうとしても下に落されるわけです。『帰って来たヨッパライ』で主人公が天国に上がっていったものの天国から追い出されて大地で目が覚めるように、あるいは生きていても結局は死ぬように、あるいは楽しい遊びであっても結局は終わるように。

この終わりを強調し、テクノロジーのおかげだというところを強調し、皆さんのおかげですとへりくだるのも大事なことです。しかし、同時にジャンプし、たまにはマニックになって「調子にのる」ことも悪くないと思うのです。そして多くの人が、この弾みや勢いを怖がり、調子にのることを恐れているのですが、その理由は神様の叱責のおかげやトラウマのせいであることが多いようです。

つまり、祭りという上昇と「後の祭り」という下降はセットになっていて、民俗学でいうハレとケ両方が同じくらい大事であり、晴れの日がないと褻《け》の日もないし、褻の日がないと晴れの日もないのです。私はお祭りが大好きですが、その祭りの準備が何よりも好きであり、日常とは、後の祭りにつづく、祭りの後の片付けも含んでいます。多くの人たちが、どちらかというと晴れの日ばかりがつづくような、まさしく軽躁的で慢性的な「お祭り」だけをつづけておられるのであれば、そこで褻の日が重要だと強調されるのもよくわかるのです。しかし普通の方には、祭りの準備や、祭りの瞬間も大事にしていただきたい。だって祭りは二度と戻って来ないのですから。

退行や遊び、そして祭りはすぐに終わりますが、それらにはピークがあって、その瞬間こそ大事な喜びであり、おそらく人生の最大の喜びかもしれない。でも現実に戻り、痛むことも大事ですので、私はこの両方であることを強調する、それこそが私のライフワークなのです。

「どっちかでないといけない」と言う人たちに抗して、大事なのはふたたび、祭りと後の祭りのほどよい両立と循環です。人生は、あるいは楽しいことは必ず終わりが来るからと言っても、楽しみを楽しむことが悪くないことも強調しておかないと、面白いものすらなくなる。面白くなくなることも大事であり、だからこそ白けることもあるので、やはり両方大事という私の立場は、その結論を言うための動かぬ位置なのです。

環境への感謝

そこで込み上げてくるのが、居場所とそれを提供してくれた環境に対する感謝です。ずっと「おかげ」という言葉を使ってきましたが、おかげの「かげ」は陰であり、「おかげ」には陰の見えない存在に対する感謝が含まれます。「いること」では、いることの中心に私がいるわけですが、居場所の中央のこの「私」は、周辺のおかげで「いる」ことができるのです。周辺に対する「おかげ」の、この陰の力は目に見えないのですが、見えないからといって無視するのではなく、逆に「おかげさま」と言ってそれに感謝しているのだと思います。こうして、それは特定の方ではなく、死んだ方や自然の力を含んで、私を今日こう在らしめてくれている、見えない力に対して、感謝は尽きないわけです。

私の結論は、環境が大事であり、それは、これを「抱えてくれる環境」が大事と言っているところに込められます。

ただし、遊びを可能にするこの抱える第二者、この抱える環境あるいは抱える人たちに感謝する時、忘れてはいけない歴史的指針があります。それは、この遊ぶことや、退行や依存の状態は、その依存を引き受ける特定の者によって、どこに持っていかれるのかわからないという危険性のあることです。そう考えると、この抱える環境のリーダーシップはとても重要な役割を果たしています。この依存状態では、例えばカルト集団のリーダーに出会ってそれを信奉してしまうと、その言いなりになってしまうのであり、退行状態は簡単に「持っていかれてしまう」のです。

日本人は内に秘められた依存状態を維持しているからこそ、「親方日の丸」のような状態になりやすいかもしれない。もちろん日本人だけではなく、依存する私たちは抱える環境次第で、どこか危ないところに持っていかれてしまう可能性があるのです。

退行、祭りが可能になっているのは、安全と安心を保障してくれる環境のおかげです。それでただ感謝するだけではなく、ちゃんと遊びを抱えてくれるこの存在について、見る目をもって慎重に選んでお任せする必要があるのです。環境に依存しながら私たちはようやく遊んでいられるという事情の危険を嚙み締める時、逆にまた、人びとを抱える仕事をする、この私たちの責任が重大であることも思い知るのです。

どっちでもいい

以上のように議論を重ねて、段々と終わりに近づいてきました。ここまで来たら、来るところまで来たので、適当なところで適当に私は諦めて、まぁこんなものだと終止符をうつのです。皆さんお気づきのように、創造性についてはすでに誰かが似たようなことを言われていて、あの人も論じており、この人もこういう結論に辿り着いていて、私も結局はこんなものなのだろうと思うのです。

そのオリジナリティについても、これはもう「どっちでもええやないか」と思う。もうこれでいいだろう、こんなものだろうと、私は「良い加減」なところで終わろうとするのです。

では、こんなものだなとはどんなものなのでしょう。「適当なところでお開き」というか、「それではおあとがよろしいようで」みたいな終わり方が理想的だと思います。終わりが来た時の「さようなら」というこの感じは、これ以上やると長すぎるし、これ以下でも足りないところなのです。

映画は二時間くらいで終わりますし、特にポップスのレコードは三分くらいで終わるのです。長い作品もありますが、「落ち」に伴う、終わりが来たという感覚は、映画なら二時間、ポップスなら三分くらいがほど良いのであり、つづけてもいいが、もはやどっちでもよくなり、もうちょっとやってもいいけれど、まぁこんなものだろうと思います。それはもう仕方ないし、しようがなくて、良い加減であり、いい加減であるという、この終わりのサインとして「良い加減」がわかるというのは、きわめて大事ですね。

「適当」という言葉は良い意味と悪い意味が同時にあるのですが、良い意味が失われない瞬間、これ以上やると悪い意味になるというところをとらえている。「いいかげん」もそうです。「良い加減」というポジティブな意味がありながら、「いい加減」というネガティブな意味を持つ。それが日本語だけの特徴とは絶対に言えませんが、日本語にはポジティブとネガティブの両方の意味があって、どっちでもいいという地点に立っている言葉が多くある。ポジティブとネガティブの両方の意味があって、良い意味をまだ維持できているのだけれど、これ以上やっていると悪い意味になるというこのあたりを私は保持しております。というわけで、それ以上の意味の追求は「さようなら（そういうことなら）」と諦める。

いかがでしょう。こういうバランス感覚が私を律している。このあたりで緊張が緩み、緊張した思考が終わる。この本の仕上げもこのあたりで終わるということになろうかと思うし、同時に私はここまで意味が揺れてきたことを強調したいと思います。

「いい加減」もそうですが、「曖昧」にも良い意味と悪い意味がある。両義的な「甘え」も、甘えてるよと言われた時に、状況や文脈次第で、甘えていてもいいかもしれないけれど、甘えちゃいけないのかもしれないのです。『帰って来たヨッパライ』でも一回目は「なーおまえ、／天国ちゅうとこは／そんなに甘いもんやおまへんにゃ」と言って甘えを指摘して神様は引っ込んでくれたけれど、二回目は「ほなら出てゆけ」と言って追い出す。つまり、一回目はいいけれど二回目は悪いのです。だから、この悪い意味と良い意味の揺れがあって、良い意味がまだ維持されているうちにバランスをとって、悪い意味になる直前で良しとし、諦める。

遊びをやめて、内心未練を残しながらも表向きは潔く家に帰るところにも美学はあり、微妙で重要と思います。この二重性が「粋」という小さな美意識の本質であり、私も言葉ではどっちでもいいとは言いながら、内心はどっちでもいいわけでもないのです。そして、諦めたと言いながらも諦めていないという微妙な二重性と揺れが、日本人の「落ち着き」には伴うのです。

「瓢箪からコマ」という創造性

人生というものも、目標のない創造として生まれるものです。じつは精神分析とか精神療法においても、皆さん、常識的な目標の不在こそ重要であり、結果ではなくてその前のプロセスを強調されます。マラソンというドラマは、結局着順でメダルをもらうのですが、人生ドラマの味わいはそのプロセスにあります。高い評価が生まれるとしたら着順重視となるでしょうが、ドラマの展開は、それを走った当人や伴走者やコーチという直接関係者が一番知っている。そして感動を生んだところは、ほとんど「瓢箪からコマ」で、決して最初から目論んで、意図的に作ろうとして生まれてくるものではない。

人生における創造は、第一者、つまり「私」が好きではじめたこともありますが、第二者である「あなた」が喜んでくれるからこそ、私は強く動機づけられたというのが正直なところです。創造される人生物語に必要なのは、第三者評価が目標ではない創造性であり、結果が目的ではない創造性ですよね。

一番強調したかったところは、通例は過小評価されている、当人の感動や第二者の感動です。その第二者というのが誰だったのかというと、私の友人や家族であったりするわけですが、原点は私の「親」あるいはその代理者でしょうし、今はこの話を引き出してくださった前田先生であるというわけです。

人生において、第三者、とくに「みんな」の評価は当てにならないものです。人気などというのは、すぐになくなり、客離れが起きる。次の時代にはまた次の新しいものが評価されるし、高い評価などすぐに終わってしまうものであり、くりかえされる拍手もまた一瞬です。

私は一本締めというのが好きですが、一本締めは一回なのです。同じように人生も一回です。だから、「ありがたい」。

こうして得られた結論にも、私は多くの先達から気づきを得て、刺激を受けて、私という身体や心を通り抜け、追体験し、こうやって辿り着いた。家族を含む皆さんのおかげと、時代や場が偶然重なり、こんな人生をクリエイトすることができた。副産物の作品もそんなものだろうと思うし、まぁこんなものなのです。

第三幕
対談「そろそろ、そういうことなら」
きたやまおさむ×前田重治

精神分析のカウチ（撮影＝木下由貴）

注意散漫と好奇心

前田　面白い話があちこちにちりばめられていて、かなり内容の濃い話でしたが、私の印象に残ったところを取り上げましょう。

はじめに「注意散漫」ということを語られましたが、それはあちこちに興味が向くということですよね。そのためにいろいろ失敗もあったようですが、そのほかに「二つを同時に考える」とか、「俯瞰《ふかん》」という言葉も出てきますね。これはあなたの大きな特徴と言えるのでしょう。そこから、二面性とか、アンビバレンス（両価性）とか、葛藤などの問題も出ています。あなたの注意散漫という言葉から、私には「好奇心」という言葉が浮かびました。私のばあいは、好奇心が原点になっているようです。

注意と好奇心の関係は面白いと思いますが、どこかで通じていますね。注意といえば、その場限りの「点」なのでしょうが、あなたのばあい、そこに立ち止まって、二つのものを俯瞰して、広く全体を見渡してきたのではないのですかね。そこであれこれと、良いものを見つけ出してきたのでしょう。そこに精神分析、とくにウィニコットとの出会いがあって、「プレイ」という言葉を知って、遊んだあとで考えるという、遊びと学問研究が結びついた「遊び論」となっています。

あなたは目の障害が大きく影響したそうですが、私は小さい頃から痩せていたので引け目を感じてきました。病弱で、体力もないし、運動などまったく苦手で、神経質で。これは戦前の軍国主義の時代には、大きなハンデでしたね。それで小さい頃から、家のなかで本を読んだり、絵を描いたりしていました。町の繁華街近くの家だったので、近所に映画館が四つも並んでいて、映画もよく見ていました。そこから私の好奇心は、見たり、空想したりすることに向いていったようです。

ともかく私の若い頃は教養主義の時代だったので、旧制中学や、旧制高校（五高）では、古典を読んで人格を高めることが理想とされていたものです。その青年期のど真ん中に、敗戦という大混乱も起きて、時代が変わりました。その頃、読書や映画などと勉強することとの間に葛藤も生じましたね。戦後には、文化国家をめざすという風潮が高まって、新劇が再び盛んになっていて、そこでは人間いかに生きるべきかを問うような作品が盛んでした。私は、物語によって自分にない誰かの人生を体験できるということで、映画を見ることも人生勉強の一環だ、と自分で理屈をつけましてね、映画や演劇に耽溺《たんでき》していたものです。まあ、ふまじめな医学生でした。それに、年頃になって性的な欲望も加わりましたね。

私が精神分析に惹かれたのは、人の心の奥底をのぞいてみたいという好奇心からです。その当時は、深層心理学とも呼ばれていましたし、それにフロイトの性欲論が魅力的でしたし――ということは、遊んでから考えるというよりも、精神分析を学ぶことが楽しみでした。そこで夢の象徴を推理して解釈したりするのが楽しみで、遊びと精神分析とは重なっていたとも言えるようです。

あなたの言っている遊びを楽しむこと、あとで考えるというのを二元論とすれば、私のばあいは一元論というか、心の奥を見ることを楽しんできたようで、少し極端にいえば、深層心理学を楽しんできたという感じです。とはいっても、別に、遊び半分で分析治療をやってきたわけではありませんがね。私の芸論の研究などは、やはりあなたの言うように芸術や芸能を楽しんだ後で、それを分析的に考えたものなので、これは二元論なのでしょう。

ああ、遊びそのものが仕事につながったといえば、催眠術ですね。あの当時は、いかものと思われていましたが。これはまったく遊びのつもりでやっていたのが、蔵内宏和《くらうちひろかず》というガイドもいたので、つい深みにはまってしまって、あとで学会にまで発展させましたね。今ではもう催眠にはすっかり飽きて、やめてしまっていますが。しかしこれは、初期の深層心理学ともつながっていたので、精神分析の一つのステップになったようです。

そもそも私が精神科に行ったのは、これはもうあちこちでも書いたりしているように、文学者の病跡学《びょうせきがく》をやりたかったからです。私の好奇心で、ドストエフスキーとか漱石などの創造活動の裏にひそんでいる原点をつかんでみたかったのです。しかしこれは、すでに先人がいろいろやっていたのを知って、やめてしまいました。地方にいては、資料を集めるのもたいへんでしたし。

じつは、こうした私の好奇心は、幼児期の原光景からきていた——「のぞき見」からきていたということが、精神分析を受けて解ったものです。

俯瞰すること

きたやま　俯瞰ということで言えば、観光地の景色を描く絵には独特の俯瞰図が多いですね。縮尺や遠近法は無視されて、あっちの山も、こっちの池も見たいという欲求に応じた大きさで見える。まるで箱庭のように、小さな港に大きな灯台が見える。私は、そういう独特の視点に立って、凸凹のある全体を見渡すのが好きでした。私はホテルでも、眺めの好い場所を選び、これは比喩的にも、実際にも、見たいように世界を見渡すのが好きということなのです。

箱庭的な俯瞰は、見方を好みに合わせられるので、良い加減であり、眼が疲れなくていい。そして高台から、ぼうっとして、距離をおいて好みの景色を見ていると、音楽が流れてくるのです。そこにフォークソングが合うというのは、電気仕掛けでないアコースティックな音楽で、自然だからです。そして、メロディは目を瞑っても聞こえてきて、私の耳に歌いかけてくるので、目を使わなくても楽しめるのです。

音の楽しみ方には、音そのものの記号としての自由を楽しめるということがあるのです。文字は漢字で見ると、その意味がわかりますが、文字を見ないで音だけを聴いていると、取り違えたりすることがありますね。あとでその字を見て確認すると、誤りは修正されるわけで、このプロセスも、じつに意味から自由で、じつにいい加減なのですが。

前田　最近、テレビで歌を聴いていると、下に歌詞のテロップが流れますね。その文字を見ていると、むかし歌だけを聴いていて思っていたのと、意味が違っていたりしますね。

きたやま　そうですね。これはじゅうぶんに英語を聞き取れない者が英語の映画を字幕なしに見ていると、部分的な聞き違いや誤解が生じやすい、というのにも似てますね。類推しながら見ていて、あとで字幕を見て、ああ、正確にはそういう意味だったのか、とわかる二段階なのです。

それと、精神分析でも凸凹のある俯瞰の状態がありますね。先生のよく使われる「図説」の図を見ていて、そこに伴う文字的理解を得るのに、私は時間がかかるのです。文字のほうは、あとで見えてくるのです。先生は、図と文字が同時に見えていらっしゃるのでしょう。

前田　まあ、言葉を眺めているとと図形が見えてくるのですがね。視覚型人間なのでしょう。

ところで、次の「承」では、あなたの駅前体験とか二面性の葛藤などがいろいろと語られていますが、問題は、矛盾したものの葛藤からどう抜け出すかということでしょう。良い体験と悪い体験を併せ持つこと、矛盾したものを持つことというのは、たしかに難しいことですね。両者を統合するには、それに慣れること、そして耐えて待つということが述べられています。そこでサバイブする（生き残る）には、急いで解決しないこと、と言われていますね。それは私も賛成です。

ところで尋ねたいのは、あなたの研究で、『古事記』だとか、『夕鶴』だとか、浮世絵など、あちこちの遊びのなかから、うまく好い鉱脈を探し当てて研究に導入されてきていますが、これは注意散漫とか俯瞰と関係していますかね。広く注意を向けて、好い鉱脈を目ざとく探し当てられていますが——。これは、ガイドを持つことが大切だという話とも関連していますかね。

きたやま　先にも述べましたが、私は、遠い景色を見るのが好きなのです。外斜位では遠くを眺めると楽に見えるのです。近いほうは、見えにくくて疲れる。それで距離をおいて全体を見渡すという、俯瞰が自動的におこるのです。だから、あれも、これも見えてくるというのが楽しみになるのです。

『古事記』の話についてですが、話としては聞いていましたが、目の手術を受けるまでは、イメージの世界でした。『夕鶴』は、中学の演劇で見て感動したものです。私の「見るなの禁止」論の原点は、神話よりも、異類婚姻説話のほうが先なのです。

昔から、のぞいて見たら蛇だったという「蛇女房」の話があるでしょう。異類が王様や嫁としてやってくる話が、さまざまな動物を主人公にしてすでにあったわけで、その正体が死体や醜い動物なのですね。それらの話がバラバラになって私のなかにありました。それらが戯曲化された『夕鶴』に出会った時に主人公の心理描写が詳細になったので、探求が深まったというわけです。

それで、目の手術を受けてから、フロイトのエディプスの分析などに刺激されて、『古事記』を読まなくてはと思ったものです。ところが『古事記』は、私には「暗号文」なのですね。いろいろと訳文や解釈がある。つまりは、どのように読んでもかまわない自由度があるのです。解釈によって、その力点や強調点のおきかたが多少変わるので、記号解読の際の解釈の違いという面白さに出会うのです。

また、そこでの「注釈」というのも面白いですね。これは神様の何の象徴だ、という解釈が本によって少し違ったりしています。そこは、ちょうど精神分析での夢解釈と同じで、解釈の自由が、私には面白かったのです。

よく見えないものが解釈により見えるようになるというのは、『古事記』理解でもそうでした。精神分析でも、目の悪い人が象の体について解釈の部分と部分を総合してゆくように、凸凹のある部分部分が総合されて、やがて全体が見えるようになったという体験がありました。

浮世絵もそうですね。「移行対象」とか、乳児の心に関する精神分析の理論や考えが頭のなかにあって、同時に目の前の母子像が描かれている浮世絵を見ていると、母子関係の全体がぼんやり見えてきたわけです。そこから「共視」ということに気がついたのです。絵があるけど解説がない、見えているけどよくわからないものが、知的な理解によって、少しずつ見えるようになる。つまり、先生がおっしゃるように、最初は渾然一体の沼地から、次の段階では何か析出されてゆく二段階説のようです。ただし私の場合は、一挙に統一というよりは、時間をかけて、そのプロセスのなかでいったん「いびつな多面体」が生じ、そこでもがいてから全体の総合がおこっているようです。

最初から楽しみが仕事になるとすればそれが一番いいのでしょうが、ふつうは仕事と遊びは一つにはならないのですね。私の遊びもいろいろありましたがね。楽しみと仕事は、簡単には統合されませんね。そこが先生と大きく違うようですね。

面白いこと

前田　精神分析は、あなたの人生物語を紡ぎ出すガイドだったという話――、旅とか山歩きで、あなたが出演者、ガイドが演出家、そして第三者は観客という話が出ていましたが、その比喩は面白いと思いました。そこでこの面白いということについて――。

きたやま　先の「好奇心」の「奇」ですがね、これは「おかしい」と重なる。「おかしい」は良い意味もあれば悪い意味もある。それと似ている「妖《あや》しい」は、神秘的という意味もありますが、これは「いやしい」「いやらしい」という嫌なものとも隣り合わせていますよね。

京都駅前には、その全部がありましたね。「いやしい」は「癒し」にもつながっていて、やって来ては去ってゆく慰みとしての移動遊園地もあったし、娼婦もいましたし、傷痍軍人も、非行少年もいました。駅前デパートも遊園地みたいで、ミュージシャンもいて、それらが渾然一体となっていました。駅前広場と駅裏は、山の手とか、祇園祭という聖なるものの方にいた人から見ると、いやしいものの場所だったでしょうね。

前田　私の家も、大きな市場の前の商店街にあったので、雑多な人たちで混雑していましたね。やはり下町でしょう。まあ、私が妖しいものを面白がるというのも、そうした下町趣味からきているのでしょうね。いつか、山の手育ちの友人が、「寅さん映画の、どこが面白いのですかね」と言っていましたが、やはり解らないのでしょうね。

あなたの話のなかで、面白いとき、聴いている相手の顔が白くなるという話で、柳田國男の語源の説明が出ていましたが、私は同じ話を、世阿弥《ぜあみ》の『拾玉得花《しゅうぎょくとっか》』で知りました。天の香久山での神楽上演に心を動かされた天照大神《あまてらすおおみかみ》が岩戸を少し開くと、集っていた神々の顔がはっきり見えてきた（面が白くなった）という話です。

面白くて心に響くものがあると、相手の目が輝いてきて、表情が変わるのですね。あなたの言う第二者の感動でしょう。それは、たしかに面接していても、講義しているときにもよくわかりますね。面白いと心が動くのでしょう。世阿弥は、「面白さ」と「めずらしさ」を「花」と呼んでいますよね。世阿弥の能は、それを見所《けんじょ》（客席）に求めたのでしょう。

それはあなたが言うように、創造のためには、まず本人がそれを面白いと思うことが第一で、それを第二者（受け手）が頷《うなず》いたり、面白いなと解ってくれて、顔を白くしてくれることが大事なのでしょう。私は、論文や本を書いていると、誰かの顔が浮かんできます。彼は（彼女は）これを（ここを）面白がって読んでくれるだろうかな、と想像することがありますよ。

きたやま　そこがまさに劇場の面白いところですね。見知らぬ第三者が喜んでくれるというのではなく、面白いと拍手や笑いの瞬間に皆が知り合いになりますね。ファンには「私に向かって歌ってくれている」という第二者としての錯覚まで生じて、劇場が一瞬巨大な家族のようになるのです。

中途半端に

前田　あなたの「いい加減」の話で、中途半端でやめるという話について、もう少し説明してください。私は、あなたのいい加減さのなかに、遊びに通じるような「ゆとり」みたいなものも感じるのですがね。あなたの「散逸する思考をつなぐ備忘録」と、良い加減との循環から作品ができるというあたり——論文と歌とでは、ちょっと違うのでしょうが。

きたやま　私の作品は、論文も歌も完成度が低いと思います。おそらく洗練される直前に、磨きをかけるところで置こうとするところがあります。ノリとか弾みとかを大事にしたいのでしょう。そこで、高級文化に対する低級文化やポップスの躍動感を保存したいのでしょう。私の特徴の一つでしょうが、「極めないでやめる」というクセがあり、人から、どうして極めないのかと言われます。細かいところに手を入れるのは目が疲れますし、ひとつ手前でやめてしまうのです。

前田　あなたの仕事は、それぞれのテーマについて面白いし、それなりにまとまっているように見えますがね。

きたやま　いや、母子像の仕事など、終わってはいません。ちょっと時間を置くと、またつづくのですがね。時間を置いて考えると、また新鮮な気分でやれるようになるのです。歌のほうも、今は新作の創作はほとんどやめているでしょう。これはフォークソングだったからともいえますが――つまり、完全には極めていないということですかね。

前田　それは私に言わせると、一休みしている、一服している、ということでしょう。

きたやま　そしてまた、だらだらとはじめる。

前田　真剣に、わき目も振らずに、その道一筋に、最後まで熱中しつづけるという人もいますがね。それとは違うということでしょう。

きたやま　そうです。ある人からは、あなたは思いつきをしゃべっている、もう少し我慢して高めたら、と言われるけど――起承転結の、「結」の手前でやめるのです。そしてまた、はじめる。一つ仕上げてから、次に移るということはないのです。未完成で――。

前田　ああ、あなたがつぎつぎに出してくる本は、前の話が新たに展開されたものが多いようですね。それは前進している、創造されていると言えるのでしょう。

私の図説の本など、何年か経ってから続篇でちょっと意匠を変えたり、芸論でも、ちょっと別のネタを加えたりしている程度で――まあ、一休みしてから続篇を書いたりしていますが、上っ面を撫でたところで終わっています。これは、仕方がないですね。

きたやま　いや、先生のほうが完成度は高いですよ。私のは、雑誌的ですよ。単行本的ではないですね。だから、音楽に向いているとも思います。といっても、まとまった大きな交響曲はないのです。一曲、それも三分もてばいいのですからね。そして、また次に一曲作ればいいのです。そして、だらだらつづくといいのです。テレビ番組は、面白くなかったら、すぐにやめるでしょう。主役を急に転職させたり、殺したりして終わる。あれなんかは、私とまったく違いますね。主人公が、だらだら生きつづけるのがほんとうの人生物語ですから。山登りでいうと、八合目ぐらいで引き返すのが好きですね。

前田　私、思うのだけど、あなたが中途半端とか、未完成とか言っていること——これはアーティスト、というかクリエイターの感性ともいえるのではないですかね。先日読んでいた横尾《よこお》忠則《ただのり》の日記のなかに出ていました——「物事を完結することは、心を閉じることになる」というのです。自分の絵についてのことなのでしょうが。彼は、「白黒はっきりさせない生き方」とかも言っていて、あなたのことを思い出しましたよ。

芸術や芸能の世界では、表現者は完成したという達成感はもたないようですね。自分で完成したとか、達成したとかいう満足感をもったら、そこで終わりになってしまうという心掛けなのでしょうね。そういう感性から、中途半端とか、未完成という言葉も出てきているように思うのですが。

きたやま　「飽きた」というのでも「終わった」というのでもない、「また続く」が好きです。それで、私の言っていることは五〇年前に言っていたことのまた「続き」なのです。

人生、こんなものか

前田　「結」の話で、祭りの話が出ていました。祭りの終りで、「自分の人生はこんなものだったのだろう。そろそろ、お開き」ということ。この自己肯定感というのは、ある程度長生きして、うまく生きてきた人の言葉ですよね。

きたやま　これは先に述べたことと同じですよ。適当なところでやめられる。これは私が、いまの齢だから言えることではなくて――。私は、野球が好きで見に行きますが、最後まで見ないで、七回の裏ぐらいまで見て帰ります。勝負好きの人は、最後まで見届けようとしますが、私はヤクルトが、最後は勝っていようが、負けていようが、まあいいか、という感じです。

人生は結果ではない、と思うのです。これは人とは違うかもしれませんね。人は、九回の裏までつきあって、喜んだり、悔しがったり、傷ついたりしますがね。きたやま、お前はなんで途中でやめたんだ、徹底的にやればいいのに、と言われます。これは考えようによっては、最後までつきあうのが恐いというのがあるのかもしれません。しかし、八割がた見て終わるのです。残りは、あとのお楽しみです。映画でも、途中でやめることもあります。『七人の侍』でも、このあと翌日も泥仕合はつづくのだなというところで——終わっていない終わり方でいいのです。

前田　それは、やはりあなたの独特な感性というべきものですかね。

私は、やはり映画は最後まで見ますよ。エンドロールで好い音楽が流れるでしょう。それを最後まで聴いてから外に出ます。映画をはじめ、歌もそうでしょうが、芸能というのは非日常の世界でしょう。現実から退行して、非日常の世界に心を遊ばせる——そうした非日常の世界を見るのが好きです。それで映画や、芝居などが終わって、日常にもどる、そこでのぼんやりした境目で、やれやれといった感じもありますね。

先の、「自分の人生、こんなものだったのだろう」という話ですが、私もこの齢ですから、見るべきものは見たといった感じはあります。

きたやま　とうとうここまで来た、という達成感のようですね。

前田　しかしそう言いながらも、美しいものを見たり、映画や文学で感動したりすると、「まだ見る価値のあるものがあったな。長生きしてよかったな」とも思うのですよ。矛盾してますね。

きたやま　よくわかります。矛盾はありますね。だから、結局は二元論に戻るのじゃあないですか。人生は、つづくのですよ。そして、ある日、突然、中途半端に終わるのですよ。見るべきものは見たと言いながら、まだまだ、面白いものがあるな、と待っているような感じが、私たちにはあるのです。その終わりの中途半端さに耐えることが大事じゃないかと思うのです。

前田　結局は、自分なりに決着をつければいいのじゃないかな。

きたやま　そうです。贔屓のチームははっきり言えば負けることも多いので、七回の裏で帰る。フィナーレはないし、フィナーレに私はいないのです。これが人生物語の粋なんです。先生も、いい加減に生きる極意をお持ちのようですが、それで混雑にまぎれないで生きておられるようですよね。

前田　まあ、齢のせいでもあるのでしょうが、わりに若い頃から、雑多な苦労はしたくないという隠遁趣味がありましてね。諦念《あきらめ》が早いのですよ。一種の逃避《エスケープ》なのでしょうが――。むかしは完全欲が強かったのだけど、いつからか、「人は、いろいろあら―な」（人は、それぞれだ）という考えになってね。まあ、軍国主義だけは身にしみて嫌だけど、世の中の価値なんていろいろあるわいな、といった感じ。あまり追求しないで、いい加減で、肯定した感じですね。

きたやま　そこは、私とちょっと違いますね。たしかにその感じはありますが、先生よりもちょっと早いのだけど、このあたりで、そろそろといった感じです。歌には、帰り路の歌がけっこういろいろありますね。「カラスがなくから帰ろ」とか、「夕焼け小やけ」とか、「帰ろかな」とか。「帰ろう、帰ろう」という望郷の念にかられるような——そんな歌を唄いながら、球場を一人で出て神宮外苑のひっそりした道を帰るのが好きなんです。

終わってゆくのをゆっくり独り楽しむ。帰りは、一人で、歌でも唄わなければ寂しいのです。そんなとき、歌が生まれるのですよ。七回の裏で席を立って、球場のガランとした出口を出て、後ろで、わあーっ、わあーっと歓声が上がって、ああ、もう一点取ったのかな、と思いながら帰ってゆく。そこが面白いのです。祭囃子を遠くに聞きながら、一人だらだらと帰る——これは好いなあ。この、独りだけの楽しみは、最後にとってある——。

同様に、舞台がまだ終わっていない時の楽屋裏というのも、いいですよ。私は、そんな瞬間に何度も立ち会っているのです。ショービジネスで、演出したり、プロデュースしたりして、メインの舞台を客席から見ていて、七、八割がた終わったところで、楽屋に戻って、あとは舞台の袖で見ている。楽屋と舞台、客席を行ったり来たり、出演しながら客席にいたりしますね。そして、盛り上がったところで席をはずし、中途半端なところで舞台袖や楽屋に戻る。そうしたプレイング・マネージャーの感覚を楽しんでいましたよ。これは、駅長さんの感覚かな、小屋主の感覚――。

前田　ああ、脚本家の三谷幸喜《みたにこうき》さんも同じようなことを書いてました。自分の演劇に自分も出たりして、出番が終わったら、舞台の袖から眺めたりして楽しんでいるとか。それは面白いものでしょうね。人生のプレイング・マネージャーですか。それは世阿弥の『離見《りけん》の見《けん》』（自分の舞姿を、見所から客観的に見ること。さらに、上から自分と観客の関係も見ること）ですね。

ここで話は終わってもいいのだけど、最後にちょっとまとめてみたいです。これまでの二人のいろいろな話を、第三者の人はどう思うでしょうかね。

きたやま　はっきりした結論を示さなくて終わってもいいのかと、先生は気にしておられますが。私は、人生論として芸論が読まれるように、ここでは出演者としての私の考えてきた「劇的観点」を語ったのです。それは私の精神分析入門講義でいつも述べているように、「劇としての人生」という私の考えが盛り込まれていると思います。そして終始一貫して、中途半端、いい加減、適当に、とか強調してきました。しかし先生は、第三者的に、評論家的な立場だったと思います。

私にとって終幕《エンディング》というのは、知ったことじゃないのです。これがどう見えたかは、お客さんにお任せするしかないと思います。どうぞご自由にご覧になってくださいということです。なぜなら人生は、死とともに突然終わるのです。どうあがいても楽屋には戻れないし、客席にもいない。この人生演劇論というのは、あくまで比喩ですから、われわれの日常生活というのは、劇場でも何でもないのです。じつは、人生は演劇でも何でもなかった！

さいごに

一年半ほど前の二〇一七年の夏頃、一回限りの人生という列車でたまたま乗り合わせたことを記念し一緒に本を作りましょうか、という話をきっかけにして本企画は始まりました。

前田先生が「前口上」で書かれたような、九州大学をめぐる事柄だけではなく、前田先生には「心理面接」と「芸論」を橋渡しする書として、『「芸」に学ぶ心理面接法――初心者のための心覚え』(一九九九年、誠信書房)、『芸論からみた心理面接――初心者のために』(二〇〇三年、誠信書房)という名著があり、それに呼応する私の『劇的な精神分析入門』(二〇〇七年、みすず書房)に示されるように、同好同学の間柄だというのが大前提としてありました。

またそれ以前に、先生は生き生きした数々のエッセイを書き溜め私家出版されており、そのなかに私が登場するものが多くあって、それを一冊にまとめたらそれなりの分量になるという幸運なバックグラウンドがありました。そして企画の成立以来、話や対談をテープにとってやり取りする、あのプロセスこそが「聖なる一回性」、まさに一番面白かったというわけです。

森羅万象、あらゆるものに再現性などないのですが、科学はそれを確認するようにと要求する。マスメディアもソーシャルメディアも、意図的なプレイバックが可能なところを快感にして物事を売り出している。対して、人生を生きる場合の瞬間、瞬間には、これが一回だと意識しながらその一回を体験しているわけではありません。けれども、むしろ無意識のうちに楽しんでいるのです。強く意識をするのは、それが終わるときです。終わりを迎えて、二度とない、一回かぎりのことだったと思って、ふりかえるしかありません。「さようなら」という心境はそこに生まれるものでしょう。

当初、私は本書において、歌詞を載せることに反対でした。歌声やメロディから切り離して置くなら、陳腐で無意味に見えるのが怖かったのです。しかし、パートナーを得て歌いなおし、あれこれ語りなおすなら、一瞬こうして蘇えるのです。

私は、これで、死ぬ日が楽しみになりました。それまではできることなら、ダラダラといい加減に生きて参りたいと思います。

さて、上梓するにあたり、名脇役の前田重治先生に感謝します。過去三五年近いおつきあいのうえに生まれた本書では、終始ワキを固めてくださいました。また講談社現代新書編集部の所澤淳さんには、経験を積んだシェルパとしてここまで案内していただけたことに、ありがとうと申し上げたい。

二〇一九年二月

きたやまおさむ

N.D.C.146　249p　18cm
ISBN978-4-06-516086-2

講談社現代新書　2522
良《い》い加減《かげん》に生《い》きる　歌《うた》いながら考《かんが》える深層心理《しんそうしんり》
二〇一九年五月二〇日第一刷発行

著者　きたやまおさむ　前田重治《まえだしげはる》

発行者　渡瀬昌彦
発行所　株式会社講談社
東京都文京区音羽二丁目一二―二一　郵便番号一一二―八〇〇一
電話　〇三―五三九五―三五二一　編集（現代新書）
〇三―五三九五―四四一五　販売
〇三―五三九五―三六一五　業務
装幀者　中島英樹
印刷所　株式会社新藤慶昌堂
製本所　株式会社国宝社
定価はカバーに表示してあります　Printed in Japan

JASRAC 出1904029-901

「講談社現代新書」の刊行にあたって

教養は万人が身をもって養い創造すべきものであって、一部の専門家の占有物として、ただ一方的に人々の手もとに配布され伝達されうるものではありません。

しかし、不幸にしてわが国の現状では、教養の重要な養いとなるべき書物は、ほとんど講壇からの天下りや単なる解説に終始し、知識技術を真剣に希求する青少年・学生・一般民衆の根本的な疑問や興味は、けっして十分に答えられ、解きほぐされ、手引きされることがありません。万人の内奥から発した真正の教養への芽ばえが、こうして放置され、むなしく滅びさる運命にゆだねられているのです。

このことは、中・高校だけで教育をおわる人々の成長をはばんでいるだけでなく、大学に進んだり、インテリと目されたりする人々の精神力の健康さえもむしばみ、わが国の文化の実質をまことに脆弱なものにしています。単なる博識以上の根強い思索力・判断力、および確かな技術にささえられた教養を必要とする日本の将来にとって、これは真剣に憂慮されなければならない事態であるといわなければなりません。

わたしたちの「講談社現代新書」は、この事態の克服を意図して計画されたものです。これによってわたしたちは、講壇からの天下りでもなく、単なる解説書でもない、もっぱら万人の魂に生ずる初発的かつ根本的な問題をとらえ、掘り起こし、手引きし、しかも最新の知識への展望を万人に確立させる書物を、新しく世の中に送り出したいと念願しています。

わたしたちは、創業以来民衆を対象とする啓蒙の仕事に専心してきた講談社にとって、これこそもっともふさわしい課題であり、伝統ある出版社としての義務でもあると考えているのです。

一九六四年四月　野間省一

心理・精神医学

331 異常の構造——木村敏
590 家族関係を考える——河合隼雄
725 リーダーシップの心理学——国分康孝
824 森田療法——岩井寛
1011 自己変革の心理学——伊藤順康
1020 アイデンティティの心理学 鑪幹八郎
1044 〈自己発見〉の心理学 国分康孝
1241 心のメッセージを聴く 池見陽
1289 軽症うつ病——笠原嘉
1348 自殺の心理学——高橋祥友
1372 〈むなしさ〉の心理学 諸富祥彦
1376 子どものトラウマ——西澤哲
1465 トランスパーソナル心理学入門——諸富祥彦
1787 人生に意味はあるか 諸富祥彦
1827 他人を見下す若者たち 速水敏彦
1922 発達障害の子どもたち——杉山登志郎
1962 親子という病——香山リカ
1984 いじめの構造——内藤朝雄
2008 関係する女 所有する男——斎藤環
2030 がんを生きる——佐々木常雄
2044 母親はなぜ生きづらいか——香山リカ
2062 人間関係のレッスン 向後善之
2076 子ども虐待——西澤哲
2085 言葉と脳と心——山鳥重
2105 はじめての認知療法——大野裕
2116 発達障害のいま——杉山登志郎
2119 動きが心をつくる——春木豊
2143 アサーション入門——平木典子
2180 パーソナリティ障害とは何か——牛島定信
2231 精神医療ダークサイド 佐藤光展
2344 ヒトの本性——川合伸幸
2347 信頼学の教室——中谷内一也
2349 「脳疲労」社会——徳永雄一郎
2385 はじめての森田療法 北西憲二
2415 新版 うつ病をなおす 野村総一郎
2444 怒りを鎮める うまく謝る 川合伸幸

知的生活のヒント

78 大学でいかに学ぶか　増田四郎
86 愛に生きる——鈴木鎮一
240 生きることと考えること　森有正
297 本はどう読むか——清水幾太郎
327 考える技術・書く技術——板坂元
436 知的生活の方法——渡部昇一
553 創造の方法学——高根正昭
587 文章構成法——樺島忠夫
648 働くということ——黒井千次
722 「知」のソフトウェア——立花隆
1027 「からだ」と「ことば」のレッスン——竹内敏晴
1468 国語のできる子どもを育てる——工藤順一
1485 知の編集術——松岡正剛
1517 悪の対話術——福田和也
1563 悪の恋愛術——福田和也
1620 相手に「伝わる」話し方　池上彰
1627 インタビュー術！——永江朗
1679 子どもに教えたくなる算数　栗田哲也
1865 老いるということ——黒井千次
1940 調べる技術・書く技術——野村進
1979 回復力——畑村洋太郎
1981 日本語論理トレーニング——中井浩一
2003 わかりやすく〈伝える〉技術——池上彰
2021 新版 大学生のためのレポート・論文術——小笠原喜康
2027 地アタマを鍛える知的勉強法——齋藤孝
2046 大学生のための知的勉強術——松野弘
2054 〈わかりやすさ〉の勉強法——池上彰
2083 人を動かす文章術——齋藤孝
2103 アイデアを形にして伝える技術——原尻淳一
2124 デザインの教科書——柏木博
2165 エンディングノートのすすめ——本田桂子
2188 学び続ける力——池上彰
2201 野心のすすめ——林真理子
2298 試験に受かる「技術」——吉田たかよし
2332 「超」集中法——野口悠紀雄
2406 幸福の哲学——岸見一郎
2421 牙を研げ　会社を生き抜くための教養　佐藤優
2447 正しい本の読み方　橋爪大三郎

趣味・芸術・スポーツ

620 時刻表ひとり旅 ― 宮脇俊三
676 酒の話 ― 小泉武夫
1025 J・S・バッハ ― 礒山雅
1287 写真美術館へようこそ ― 飯沢耕太郎
1404 踏みはずす美術史 ― 森村泰昌
1422 演劇入門 ― 平田オリザ
1454 スポーツとは何か ― 玉木正之
1510 最強のプロ野球論 ― 二宮清純
1653 これがビートルズだ 中山康樹
1723 演技と演出 ― 平田オリザ
1765 科学する麻雀 ― とつげき東北
1808 ジャズの名盤入門 ― 中山康樹
1890 「天才」の育て方 ― 五嶋節
1915 ベートーヴェンの交響曲 ― 金聖響 玉木正之
1941 プロ野球の一流たち 二宮清純
1970 ビートルズの謎 ― 中山康樹
1990 ロマン派の交響曲 ― 金聖響 玉木正之
2007 落語論 ― 堀井憲一郎
2045 マイケル・ジャクソン ― 西寺郷太
2055 世界の野菜を旅する 玉村豊男
2058 浮世絵は語る ― 浅野秀剛
2113 なぜ僕はドキュメンタリーを撮るのか ― 想田和弘
2132 マーラーの交響曲 ― 金聖響 玉木正之
2210 騎手の一分 ― 藤田伸二
2214 ツール・ド・フランス 山口和幸
2221 歌舞伎 家と血と藝 中川右介
2270 ロックの歴史 ― 中山康樹
2282 ふしぎな国道 ― 佐藤健太郎
2296 ニッポンの音楽 ― 佐々木敦
2366 人が集まる建築 ― 仙田満
2378 不屈の棋士 ― 大川慎太郎
2381 138億年の音楽史 浦久俊彦
2389 ピアニストは語る ヴァレリー・アファナシエフ
2393 現代美術コレクター 高橋龍太郎
2399 ヒットの崩壊 ― 柴那典
2404 本物の名湯ベスト100 石川理夫
2424 タロットの秘密 ― 鏡リュウジ
2446 ピアノの名曲 ― イリーナ・メジューエワ

日本語・日本文化

105 タテ社会の人間関係　中根千枝
293 日本人の意識構造――会田雄次
444 出雲神話――松前健
1193 漢字の字源――阿辻哲次
1200 外国語としての日本語――佐々木瑞枝
1239 武士道とエロス――氏家幹人
1262 「世間」とは何か――阿部謹也
1432 江戸の性風俗――氏家幹人
1448 日本人のしつけは衰退したか――広田照幸
1738 大人のための文章教室　清水義範
1943 なぜ日本人は学ばなくなったのか――齋藤孝
1960 女装と日本人――三橋順子
2006 「空気」と「世間」――鴻上尚史
2013 日本語という外国語　荒川洋平
2067 日本料理の贅沢――神田裕行
2092 新書　沖縄読本――下川裕治 仲村清司　著・編
2127 ラーメンと愛国――速水健朗
2173 日本人のための日本語文法入門――原沢伊都夫
2200 漢字雑談――高島俊男
2233 ユーミンの罪――酒井順子
2304 アイヌ学入門――瀬川拓郎
2309 クール・ジャパン!?　鴻上尚史
2391 げんきな日本論――橋爪大三郎 大澤真幸
2419 京都のおねだん――大野裕之
2440 山本七平の思想――東谷暁